CB137201

TRABALHO VIVO I

Sexualidade e trabalho

CONSELHO EDITORIAL

André Costa e Silva

Cecilia Consolo

Dijon de Moraes

Jarbas Vargas Nascimento

Luis Barbosa Cortez

Marco Aurélio Cremasco

Rogerio Lerner

Blucher

INSTITUTO TRABALHAR

TRABALHO VIVO I

Sexualidade e trabalho

Christophe Dejours

Tradução

Franck Soudant

Revisão técnica da tradução

Laerte Idal Sznelwar

Trabalho Vivo I: Sexualidade e trabalho

Título original: *Travail vivant 1: Sexualité et travail*

© Éditions Payot & Rivages, 2009
© 2022 Editora Edgard Blücher Ltda.

Publisher Edgard Blücher
Editor Eduardo Blücher
Coordenação editorial Jonatas Eliakim
Produção editorial Kedma Marques
Tradução Franck Soudant
Diagramação e capa Laércio Flenic
Revisão de texto Saulo Krieger
Revisão técnica da tradução Laerte Idal Sznelwar
Imagem da capa Istockphoto

Blucher

Rua Pedroso Alvarenga, 1245, 4º andar
04531-934 – São Paulo – SP – Brasil
Tel.: 55 11 3078-5366
contato@blucher.com.br
www.blucher.com.br

Segundo o Novo Acordo Ortográfico, conforme 5. ed. do *Vocabulário Ortográfico da Língua Portuguesa*, Academia Brasileira de Letras, março de 2009.

É proibida a reprodução total ou parcial por quaisquer meios sem autorização escrita da editora.

Todos os direitos reservados pela Editora Edgard Blücher Ltda.

Dados Internacionais de Catalogação
na Publicação (CIP)
Angélica Ilacqua CRB-8/7057

Dejours, Christophe

Trabalho Vivo I: Sexualidade e trabalho/ Christophe Dejours; tradução de Franck Soudant. – São Paulo : Blucher, 2022.

240p.

Bibliografia
ISBN 978-65-5506-532-9 (impresso)
ISBN 978-65-5506-533-6 (eletrônico)

Título original: *Travail vivant 1: Sexualité et travail*

1. Psicologia 2. Trabalho – Aspectos psicológicos 3. Sexualidade – Aspectos psicológicos I. Título II. Soudant, Franck

22-3031 CDD 150

Índices para catálogo sistemático:
1. Psicologia

Prefácio à edição brasileira

Laerte Idal Sznelwar
Seiji Uchida
Selma Lancman

O livro *Trabalho Vivo,* de Christophe Dejours, é uma obra essencial em psicodinâmica do trabalho, assim como se trata de uma contribuição significativa para outras áreas do conhecimento que se ocupam de questões ligadas a esta atividade central para o desenvolvimento das pessoas, do trabalho e até mesmo da civilização. O diálogo proposto pelo autor ao longo deste texto com áreas como a psicanálise, a ergonomia, as ciências da organização e a filosofia, entre outras, nos traz um importante conteúdo para a nossa reflexão e para embasar nossas ações visando à transformação do trabalho, até então, inexistente.

Considerar esta obra como definitiva seria enganoso de nossa parte, uma vez que a psicodinâmica do trabalho está em pleno desenvolvimento e o próprio autor tem brindado as ciências do trabalho com questões sempre novas e pertinentes. Todavia, podemos considerar que temos em mãos um marco, um livro que propõe uma síntese, um amadurecimento, uma conexão entre campos que até então não havia sido feita pelo autor. Se recuperarmos o histórico dessa área e pensarmos nas possibilidades que os trabalhadores têm para se desenvolver enquanto sujeitos e para contribuir com o desenvolvimento de sua profissão e da cultura, há neste livro temas centrais para a compreensão de como as relações subjetivas e intersubjetivas ocupam um lugar fundamental não somente nesse campo, mas também na construção de uma teoria social.

A visão crítica, e também construtiva, proposta pelo autor, perpassa temas que nos ajudam a compreender aspectos fundamentais do trabalhar, que, longe de ser uma atividade solipsista, centrada no indivíduo, é uma atividade sempre relacional, onde a importância do coletivo é ímpar. Como toda atividade humana, de certa maneira, aquilo que fazemos no trabalho está relacionado com o outro, é feito para o outro, permite-nos obter um lugar na sociedade, e, ao contribuir com a nossa inteligência, com o nosso esforço, estamos colaborando com a construção de um *métier*, brindando à vida. O trabalho vivo, como muito bem tratado neste livro, mobiliza o sujeito, o dar de si, passa pela busca da realização dos seus desejos e pela constituição de uma inteligibilidade que dependerá das condições dadas em cada situação de trabalho, condições que podem sempre ser transformadas e aprimoradas pela ação dos sujeitos.

O livro nos traz à reflexão, entre tantas outras, a questão de como desenvolvemos nossa inteligência, como incorporamos a nossa vivência, e de como podemos crescer subjetivamente ao trabalhar. Do mesmo modo em que há um risco de empobrecimento e de solapamento da nossa existência enquanto trabalhadores, enquanto sujeitos, dependendo da situação de trabalho, como já bem mostraram os estudos na área, sobretudo no que tange às questões da psicopatologia do trabalho. Reforçar que o trabalhar jamais é neutro para a saúde, sobretudo quando nos focamos na saúde mental, e que não há uma fatalidade nessa perspectiva, é algo que nos coloca ante desafios muito importantes em nosso campo de atuação. Uma ação em psicodinâmica do trabalho passa sempre por uma ideia de reapropriação, de recuperação do poder de agir, de saída de uma posição defensiva onde o cinismo impera, de esforço que congrega diferentes trabalhadores para que reflitam e deliberem com relação ao que seria a organização do trabalho e as possibilidades para a ação. Recuperar essas possibilidades é central no debate e fundamental para que haja transformações mais significativas no modo como o trabalho é organizado nas mais diferentes situações.

Fruto de uma visão deletéria sobre o trabalho e sobre o ser humano, os modos de organização do trabalho propostos pelas ideologias neoliberais, paradoxalmente, reforçam um discurso que valorizaria os sujeitos, trazendo a ilusão de que individualmente – a partir do cumprimento de metas sempre mutantes – os trabalhadores conseguiriam obter as conquistas que almejam no que diz respeito às suas necessidades materiais e, principalmente, a seu reconhecimento simbólico. Todas as contribuições da psicodinâmica do trabalho – e particularmente este livro – mostram-nos o quanto isso é uma falácia, uma vez que, isolados, os trabalhadores são muito mais facilmente alvo das práticas as mais nefastas de manipulação pela hierarquia. Como é sabido, as práticas de assédio se tornaram muito mais eficazes, uma vez que os coletivos estão mais vulneráveis, que a organização dos trabalhadores foi fragilizada. Reforçou-se a ideologia de que cada um, individualmente, poderia obter sucesso, não importando os meios, sobretudo se fossem ações que viessem de encontro à solidariedade dentro das empresas, uma vez que todos, estariam competindo com todos e ainda cada um estaria constantemente competindo consigo mesmo.

Essa falácia, montada no mundo da gestão contemporânea, infelizmente estendeu-se como uma verdade em muitas situações de trabalho. Tornar banais as práticas desleais, em nome de um alinhamento quanto aos objetivos das empresas, tudo em nome da competitividade e da própria existência do negócio, uma vez que, se assim não o fizesse, haveria um enorme risco de a empresa falir. Nesta perspectiva, o risco de o trabalhador perder o seu emprego foi uma das táticas empregadas por muitos gestores. Todavia, sem a colaboração dos mais diferentes sujeitos, sem o empenho zeloso de um número expressivo de trabalhadores, isso não seria possível. Em situação de fragilidade, muitos de nós lamentavelmente colaboramos com o que consideramos nefasto, com o que consideramos ser eticamente condenável.

Paradoxalmente, esse alerta é fundamental, um impulso mesmo para a transformação do trabalho, uma vez que, ao ficar evidente que somos todos participantes e que sem o nosso zelo a organização do trabalho não seria bem-sucedida, a perspectiva de mudanças se descortina de modo bastante significativo. Em não havendo fatalidade, a possibilidade de resistir – sobretudo à recriação de ações coletivas – torna-se mais e mais presente. Assim como podemos zelar por manter a situação e colaborar para que as práticas mais nefastas que geram diferentes modalidades de sofrimento patogênico se alastrem e sejam consideradas normais, podemos também agir para reverter esse quadro. Somos, sim responsáveis, e a perspectiva de emancipação – como muito bem tratada no tomo II desta obra – se descortina. Desse modo, o destino não está traçado, é agindo no mundo que podemos contribuir para transformá-lo, e, vista a centralidade do trabalho e sua importância para que a barbárie não prevaleça, agir na sua transformação é sempre fundamental e deve continuamente fazer parte da perspectiva de cada um e dos diferentes coletivos. Refletir sobre como podemos mudar e melhorar, sobretudo quando isso ocorre no seio das relações sociais, é algo que se dá com base no posicionamento de cada um, mas esse posicionamento pode e deve ser impulsionado por práticas que favoreçam as possibilidades de cooperação e de reconsideração daquilo que há de coletivo no trabalhar.

Convidamos a todos e a todas – não importando o seu trabalho, a sua profissão, o seu nível hierárquico, o seu papel na sociedade – a se aventurar, assim como o fizemos, na leitura destas páginas tão ricas e estimulantes. Cada passagem, cada frase exige de nós trabalho, um trabalho de compreensão, de reflexão, de estudo, enfim é um livro a ser lido e relido por quem quiser, de fato, se apropriar do que Dejours nos propõe como conteúdo. Ler não seria apenas ler, mas sim uma ação para incorporar ideias que, com certeza, terão ressonância com muitas de nossas preocupações, enfim uma *corpropriação* do texto, parafraseando Dejours, que nos remete a esse conceito proposto por Michel Henry.

Uma breve descrição do conteúdo destes dois tomos é aqui proposta como preâmbulo para uma leitura que, com certeza, será muito rica e questionadora.

No tomo I, o autor propõe, em seus oito capítulos, um debate intenso e muito significativo com a psicanálise freudiana, com o legado dos filósofos gregos, com a filosofia dos princípios proposta por Maine de Biran, com os escritos filosóficos de Michel Henry, com os escritos psicanalíticos de Laplanche, com a obra de Hannah Arendt, com outros autores da filosofia crítica, como Habermas e Axel Honneth, com Emmanuel Renault, com a ergonomia, entre outros. Dejours vai às raízes de seu pensamento para propor uma consolidação das bases epistemológicas da psicodinâmica do trabalho; o debate com a psicanálise é muito frutuoso e nos induz a estudar ainda mais esses fundamentos para melhor compreender o trabalho vivo. Tudo isso entremeado de ideias originais que foram constituindo o corpo de conceitos da psicopatologia e da psicodinâmica do trabalho ao longo dos anos.

No tomo II, encontramos uma síntese inicial do tomo I e, ao longo dos sete capítulos que o compõem, um texto extremamente interessante e útil. Até mesmo para os leitores que não estariam tão focados no debate epistemológico do primeiro tomo, a leitura exclusiva da segunda parte desta obra é factível. O que temos nestas páginas é verdadeiramente estimulante, e – acreditamos – a proposta do autor é a de entrar de frente na discussão da organização do trabalho, mostrando como é possível se honrar a vida pelo trabalho. Propõe uma discussão fundamental sobre a subjetividade e sobre o trabalho, um debate com Freud sobre as questões do trabalho ordinário tudo isso acrescido as possibilidades de emancipação, propostas sobre a civilização e sobre a importância das atividades deônticas, sobre a questão da organização do trabalho, em especial no que diz respeito às possibilidades e à natureza da cooperação, à centralidade do trabalho para o desenvolvimento da cultura e, por fim, à importância dos espaços de deliberação no trabalho. Uma reflexão sobre a necessidade de recuperar o espaço da política, de trazer para o centro da discussão o fato de que a ação no mundo é ação política, o que nos traz grande alento ao repatriar para o debate no mundo da produção a relevância de se conhecer os princípios que motivam a ação humana, bem como de se criar espaços de deliberação, espaços públicos, para a ação na pólis, a ação política.

Finalmente, para nós, é uma honra redigir o prefácio para esta edição em língua portuguesa. Primeiramente pelo livro em si, mas há muitas outras razões para nos sentirmos felizes com esta edição. O trabalho de tradução e de construção do livro, feito por Franck Soudant foi muito cuidadoso e dedicado. Franck é mais que um editor, é um entusiasta das ideias aqui tratadas, um estudioso que, em muito contribui para o desenvolvimento da psicodinâmica do trabalho no Brasil e em outros países de língua portuguesa. Em outra perspectiva, o fato de termos trabalhado juntos na revisão técnica do livro foi um desafio substancioso, aprofundamos os nossos conhecimentos, as nossas leituras em psicanálise, em filosofia, em psicodinâmica do trabalho e, sobretudo, tivemos muitas horas de discussão, de debate, enfim de deliberação com relação aos grandes desafios que encontramos na leitura deste texto extremamente rico. Tivemos a oportunidade de trabalhar muito com o próprio autor. As discussões com Christophe Dejours foram muito enriquecedoras, estimulantes e o aprendizado que isso tudo nos propiciou pode ser percebido, acreditamos, ao término desta leitura estimulante e prazerosa para a qual convidamos a todos.

Prefácio à segunda edição brasileira

Laerte Idal Sznelwar
Seiji Uchida
Selma Lancman

Com muita alegria escrevemos essas palavras sobre o lançamento da segunda edição brasileira deste livro fundamental de Christophe Dejours. A primeira edição brasileira, produzida pela Editora Paralelo 15 é de 2012; esgotada há muito, esse trabalho inicial de Franck Soudant permitiu que o público brasileiro e, de outros países lusofônicos, tivessem acesso à leitura e, pudessem se capacitar melhor para compreenderem as questões do trabalhar. Além de melhor compreender o trabalho, este livro pode ser considerado como uma base fundamental para a ação em diferentes campos profissionais.

Este livro permitiu a disseminação em nosso meio da essência da psicodinâmica do trabalho e como, a partir desta área de conhecimento, é possível estabelecer uma discussão e uma cooperação com profissionais que atuam em outras áreas, sobretudo aquelas que se ocupam do trabalho, como a ergonomia, as disciplinas ligadas à saúde do trabalhador, a sociologia, a filosofia, o direito, a engenharia e as ciências da gestão. Outra interlocução primordial, proposta por Dejours, é com a psicanálise. Para entender a importância desse diálogo, bastante presente no Tomo I, basta termos em mente que, a psicodinâmica do trabalho constituiu-se a partir da psicanálise e da ergonomia. A conversa com a psicanálise envolve um desafio muito grande, o de trazer para o debate a questão da centralidade do trabalho para a vida dos sujeitos e a importância do corpo, não apenas para o que diz respeito ao trabalhar, mas sobretudo para a constituição da psique. Outro aspecto significativo está relacionado ao fato de que as propostas da psicodinâmica do trabalho reforçam aquilo que Freud já havia salientado com relação à constituição do sujeito. Isso diz respeito ao fato de que não se trata de um processo solipsista, o sujeito se constitui sempre na relação com o outro, processo que se inicia desde os primórdios da infância e continua ao longo da vida. Enfim, Dejours nos brinda com uma discussão sobre a importância do fazer, sobretudo do fazer no trabalho, para não apenas as possibilidades de realização do indivíduo, mas sobretudo para a essência do coletivo, das organizações e, de um modo mais amplo, da sociedade e da cultura.

Este livro também tem muito a ver com a política, uma vez que se trata de como os sujeitos agem no mundo, como se constituem as organizações e como as diferentes maneiras de organização do trabalho podem ser deletérias para a saúde ou, ao contrário, propiciarem caminhos para o desenvolvimento individual e coletivo; enfim, como se pode constituir situações propícias para a trilhar caminhos em direção à emancipação. Lembramos que este livro pode ser considerado como uma síntese daquilo que, até o momento de sua publicação na França, em 2009, tinha sido desenvolvido no âmbito da psicodinâmica do trabalho, por Dejours.

Esta segunda edição é muito bem-vinda porque permitirá que continuemos a adotar este livro nos mais diferentes percursos de capacitação profissional. Ressalte-se que, nos últimos 10 anos esta obra foi utilizada em cursos de graduação, pós-graduação, atualização e, ainda para a capacitação de representantes sindicais, para gestores e profissionais responsáveis por projetos de organização do trabalho. Isso significa que esta obra circulou em muitas áreas do conhecimento, inclusive em cursos e grupos de estudos em psicanálise. Assim, com esta nova edição, seu uso poderá ser ampliado e ainda mais consolidado.

O desafio da leitura do Trabalho Vivo está ligado não apenas ao entendimento de novos conceitos e na aprendizagem de novas maneiras de olhar o trabalho dos outros e, também, o nosso. Um dos principais desafios é vencer as nossas próprias defesas, sobretudo aquelas que limitam a nossa capacidade de enxergar o real e vivenciar novas experiências. Por que falar em defesas? Sabe-se que, para dar conta do sofrimento patogênico, diferentes modalidades defensivas são erigidas em nossa psique; muitos, dentre nós vivemos sob fortes constrangimentos devido a modalidades de organização do trabalho que nos levam a diferentes tipos de impasse. Para conviver com esse tipo de cenário desolador nos defendemos. Um dos efeitos negativos das defesas é o de reduzir a nossa sensibilidade e a nossa capacidade de refletir, enfim de perlaborar. Ao ler este livro somos provocados, somos instados a tratar das nossas defesas, somos conduzidos a repensar nossas escolhas e nossa maneira de agir, sobretudo quando nossa ação diz respeito ao trabalho nosso e ao dos outros. Enfim, esta leitura constitui-se numa aventura que, ao ser compartilhada com os outros, evidencia nosso papel como protagonistas ao lado de outros que estão também se aventurando e compartilhando essa experiência conosco.

A proposta da Editora Blücher, sob a liderança de Eduardo Blücher, de reeditar este livro é muito louvável, ainda mais que esta obra se situa dentro de uma coleção muito importante como linha editorial, a de trazer para o público uma ampla gama de livros ligados à psicanálise. Trata-se também do fruto de uma parceria entre a Editora Blücher e o Instituto Trabalhar; esta parceria, voltada para a publicação de livros no campo do trabalhar, sobretudo em psicodinâmica do trabalho, da ergonomia, da saúde no trabalho e campos correlatos, inicia-se com a publicação deste livro. Acreditamos que será uma parceria que renderá muitos frutos e que contribuirá para o debate e para as ações de transformação do trabalho. Esse desafio é ainda mais significativo pois vivemos, em nossa sociedade um contínuo ataque à importância do trabalhar e seu papel central na constituição dos sujeitos, dos coletivos, das instituições, da sociedade; enfim da própria cultura.

O Instituto Trabalhar e a parceria com a Editora Edgar Blücher

A parceria com a Editora Blücher para a produção de conteúdo nas áreas de conhecimento do Instituto Trabalhar nos traz muita satisfação. Isso porque propiciar diferentes leituras sobre o trabalhar, oriundas das disciplinas que compõem o espectro de conhecimento do qual nos valemos para as nossas ações permite uma ampliação do debate e sobretudo, propicia aos diferentes atores sociais uma apropriação de conceitos, os mais variados.

Cumprindo um dos nossos papéis fundamentais que é o de ajudar os diferentes atores da sociedade a compreender questões essenciais sobre a saúde mental e o trabalho, o livro Trabalho Vivo é um marco. Logo de início, trabalhar junto com a Editora Blücher para viabilizar esta segunda edição é bastante significativo. Isso porque este livro traz muito conteúdo para nos ajudar a pensar, refletir e encaminhar ações transformadoras junto a empresas, instituições públicas e entidades representativas para que o trabalho seja, de fato, um percurso que favoreça o desenvolvimento dos sujeitos, o aprimoramento dos coletivos; assim como seja reconhecido como a base fundamental para a produção nos mais variados tipos de empresa e, também como o principal meio para o desenvolvimento do viver junto; enfim para o desenvolvimento da cultura.

Nossa atuação enquanto membros do Instituto Trabalhar é ajudar os atores sociais nas organizações a compreenderem o impacto do trabalho para a vida das pessoas e para que sejam atingidos os objetivos da produção. Isso, a partir de uma postura crítica, que permita aos diferentes atores compreenderem por que ainda há, em praticamente todos os tipos de produção, externalidades negativas, como a grande quantidade de pessoas com distúrbios e adoecimento psíquico. É ainda mais relevante uma vez que as diferentes causas para isso, nem sempre são claras, o que dificulta a compreensão dos responsáveis pela produção nas empresas e nas instituições. A partir de diferentes tipos de intervenção, o nosso propósito é construir um diagnóstico e propor caminhos para construção de soluções, sempre voltadas para o desenvolvimento das pessoas e das instituições.

A gama de ações do Instituto Trabalhar foi pensada para dar conta desses enormes desafios. Desde palestras e oficinas que favorecem a sensibilização e a reflexão dos participantes, até ações de diagnóstico e transformação, o nosso posicionamento é de trazer à luz diferentes aspectos da organização do trabalho que precisam ser aprimorados. Ações mais voltadas para profissionais que atuem com questões do trabalhar são também parte do nosso portfólio; trata-se de ações de capacitação, de acompanhamento, de escuta, voltadas para o desenvolvimento desses atores que são fundamentais para a interlocução dentro e com as organizações. Ações mais voltadas para o acolhimento de pessoas que buscam compreender as razões de seu sofrimento (patogênico) também são desenvolvidas.

Em resumo, trata-se de ações de sensibilização, reflexão, compreensão, transformação, acolhimento, desenvolvimento e capacitação. Essas ações são desenvolvidas por profissionais que compõem um time interdisciplinar capacitado para desenhar e realizar projetos voltados para o contexto de cada organização. Portanto, nossa atuação é sempre estratégica, contribuímos com a compreensão do real do trabalho, a partir de uma visão integrada e complexa, ou seja, os nossos encaminhamentos sempre estarão voltados às decisões que se integram nos níveis estratégicos das organizações. Pensar o trabalho como central é um posicionamento estratégico; isto porque ao reduzir o trabalhar à mera execução do previsto nas tarefas e procedimentos é um erro significativo pois dificulta o próprio aprimoramento das organizações. Para finalizar é importante que seja possível haver contextos de trabalho genuinamente sustentáveis em um sentido amplo do termo, tanto para as pessoas, quanto para as organizações e para a sociedade; enfim, para o desenvolvimento da cultura. Isso porque, segundo Dejours, trabalhar não é apenas produzir, é transformar a si mesmo, é viver junto.

Instituto Trabalhar

Conteúdo

Introdução

O cinismo tornou-se sinal de adesão à *intelligentsia*. A expressão da crise política de nosso tempo está no registro intelectual. À sombra de uma riqueza e de uma prosperidade sem precedentes, surgem uma nova pobreza material, uma miséria moral e um desespero político que geram o ressentimento e a violência. Por mais ostentatórias e rutilantes que sejam, as manifestações festivas organizadas por nossos príncipes são vazias e não trazem qualquer esperança. Falta-lhes a dimensão indispensável ao júbilo dos povos: o entusiasmo. Em vez de gerar otimismo e alegria, o capitalismo hoje faz prosperar o medo. Má consciência e desconfiança por parte dos abastados, clamores em busca de segurança e vociferações racistas entre os que convivem com a violência são as reações mais frequentes ao medo.

A civilidade que se decompõe atesta a decadência de nossa cultura.

A degradação das relações de civilidade não pode ser considerada como um fracasso do capitalismo. Seria um fracasso se aqueles que comandam e decidem buscassem por todos os meios a via de uma justa distribuição das riquezas e cultivassem os valores da solidariedade. Não é o caso. Nossos dirigentes não se interessam pelo destino dos deserdados e não estão autenticamente preocupados com o destino da pólis. A decadência enquanto tal não os incomoda. No Olimpo, onde os novos senhores fincaram residência, a única ocupação legítima consiste em fazer negócios. A especulação não deplora a decadência da pólis e acarreta inexoravelmente, nos que se resignam a servi-la, o cinismo. Para eles, a decadência da pólis não é um fracasso. O cinismo é condescendente em relação ao pensamento, é irônico para com o filósofo e com o pesquisador, contrapõe-lhes os argumentos da eficácia, do realismo e da força do poder alicerçado nos negócios. O cinismo ganha terreno não apenas entre os políticos, como ainda entre os pensadores. É onde se formam as fissuras da civilização. Se é necessário reconhecer uma crise política própria ao nosso tempo, talvez devêssemos caracterizá-la como uma derrota do pensamento, assediado que foi pelo cinismo.

Teria o pensamento perdido uma simples batalha contra o cinismo ou perdido a guerra? A resposta a esta pergunta depende da capacidade dos pensadores de compreenderem, em um primeiro momento, as novas formas de dominação e, em seguida, sua aptidão em inventar ações voltadas para a conciliação. O cinismo participa de uma ideologia que se inclina ante a força das novas e sofisticadas técnicas da dominação. A força dessas últimas se deve ao fato de serem capazes de destruir as solidariedades, de gerar a solidão (ou a desolação – *loneliness* – no sentido arendtiano do termo)[1] e, ademais, de suscitarem formas específicas de consentimento e de colaboração moralmente reprováveis.

Se a derrocada do pensamento for tão só uma batalha perdida, então deve ser possível indicar como combater racionalmente

---

1 1 Hannah Arendt. *Le système totalitaire. Les origines du totalitarisme* (1951). Paris: Seuil, 2005 [1951].[a]

a decadência da pólis e interpor uma reabilitação política do cinismo.

No livro *Souffrance en France*,[b] reuni argumentos capazes de sustentar a tese segundo a qual as novas formas de dominação na pólis foram inicialmente testadas no mundo do trabalho. A vitória do capitalismo, em escala planetária, concretiza-se pelo primado teórico e prático atribuído à empresa: à "empresa cidadã" confia-se a responsabilidade de comandar a transformação das relações sociais na pólis. O "projeto de refundação social" propugnado pelo patronato francês sob a direção do Medef[c] é resultado do aconselhamento de sociólogos e filósofos às organizações patronais, que, rigorosa e cinicamente, se apropriaram da tese da "centralidade do trabalho".

Entretanto, a dita centralidade do trabalho não foi suficientemente pensada ou nem, sequer foi pensada pela filosofia e pelas ciências políticas acadêmicas. Mesmo a teoria crítica da Escola de Frankfurt, reivindicando o início de uma tradição que outorga ao trabalho grande relevância, preteriu o trabalho como questão filosófica nas obras de Klaus Offe[2] e de Jürgen Habermas.[3] Com a teoria da luta pelo reconhecimento, Axel Honneth,[4] sucessor de Habermas, felizmente reincorpora o trabalho na teoria crítica. Vários filósofos franceses e estrangeiros vinculados à Escola de Frankfurt incorporaram o tema da centralidade do trabalho às suas reflexões (Emmanuel Renault, Hermann Kocyba, Jean-Philippe Deranty, Nick Smith, Olivier Voirol).[5] Trata-se de uma reviravolta

---

2 2 Klaus Offe. "Le travail comme catégorie de la sociologie". In: *Les Temps Modernes*, n. 466, 1985.

3 Jürgen Habermas. *La technique et la science comme "idéologie"*. Coleção "Tel". Paris: Gallimard, 1995 [1968].

4 Axel Honneth. *La lutte pour la reconnaissance*. Paris: Cerf, 2000 [1992].

5 Emmanuel Renault. "Reconnaissance et travail". In: *Travailler*, n. 18, 2007; Jean--Philippe Deranty, "Repressed materiality: Retrieving the materialism in Axel Honneth's theory of recognition". In: Jean-Philippe Deranty, Danielle. Pether-

importante, mesmo que, para combater o cinismo, tenha sido necessário repensar as relações entre "centralidade do trabalho", política e emancipação.

Sair da crise da política implica retornar à questão recorrente da luta contra a barbárie e do progresso moral da humanidade. O século XX com suas duas guerras mundiais, com a bomba atômica, com genocídios contra os armênios, judeus, tutsis, com os totalitarismos, as guerras imperialistas, este século XX mostra que a violência, a guerra e a barbárie não são controladas pelo desenvolvimento da cultura.[6] Apesar do que foi exposto, a retomada do tema do progresso moral da humanidade é aqui apresentada a partir de uma abordagem que se alimenta de duas fontes teóricas que, em geral, não são convocadas ao mesmo tempo: a psicanálise e as ciências do trabalho, mais especificamente a psicodinâmica do trabalho.

Por que a psicanálise? Porque a filosofia política não mantém, com o rigor necessário, o domínio de certos dados antropológicos originários da metapsicologia freudiana.[7] As concepções sobre o ser humano que perpassam a teoria política são muito sumárias e levam a teses que, com certa frequência, estão em contradição com o que foi produzido pela psicanálise.

Por que a psicodinâmica do trabalho? Porque ela propõe uma análise da condição humana com mais propriedade do que os demais instrumentos no que diz respeito à centralidade do trabalho, e isso desde o nível mais trivial da clínica até o mais refinado da filosofia.

---

bridge, John Rundell & Robert Sinnerbrink (org.). *Recognition, work, politics: New directions in french critical theory*. Leiden/Boston: Brill, 2007; Hermann Kocyba. "Anerkennung, Subjektivierung, Singularität". Tradução francesa "Reconnaissance, subjectivation, singularité". In: *Travailler*, n. 18, 2007.

6 Gérard Rabinovitch. *De la destructivité humaine*. Paris: Presses Universitaires de France, 2009.

7 Dominique Scarfone. *Oublier Freud? Mémoire pour la psychanalyse*. Montreal: Boréal, 1999.

Ao apoiar-me nessas duas fontes, propus-me o exame do que implicaria, para uma filosofia política, reunir a centralidade da sexualidade demonstrada pela psicanálise e a centralidade do trabalho proposta pela psicodinâmica do trabalho.

A temática do progresso moral da humanidade – ou, ao contrário, de seu declínio ou mesmo de sua ruína – é de início e por tradição da alçada do teólogo ou do filósofo e, em seguida, do historiador ou do sociólogo. O psicólogo não tem a menor legitimidade para se engajar nesse terreno. Por que então basear-me em Freud? Porque a descoberta por Freud da sexualidade infantil e do inconsciente sexual imprime ao ser humano uma concepção sensivelmente diferente daquela anterior à sua contribuição. Freud afirmava que, com a psicanálise, ele desferira um terceiro ultraje às pretensões da humanidade – depois daqueles aplicados por Copérnico e por Darwin –, a saber: "o Eu não é o senhor em sua própria casa", o Eu deve e deverá incessantemente enfrentar o estrangeiro no interior de si mesmo.[8]

Relevar a centralidade da sexualidade nas condutas humanas é admitir que a alma humana não pode ser angelical porque, em seu íntimo, é habitada pela amoralidade de *Lúcifer amor*... o qual tem um certo pendor para a excitação e para a embriaguez proporcionadas pela violência. Numerosos autores eufemizam essa dimensão da sexualidade, ou ainda negligenciam, sem embaraço, a sexualidade da teoria psicanalítica.[9] Freud não vislumbrava a possibilidade de um progresso moral da humanidade porque os seres humanos não têm predisposições naturais para a prática do bem. Mas Freud não fundamenta esse seu ponto de vista

8 Sigmund Freud. "Une difficulté de la psychanalyse". In: *L'inquiétante étrangeté et autres essais*, coleção "Folio essais". Paris: Gallimard, 1985 [1917]; e *Œuvres complètes*, tomo XV. Paris: Presses Universitaires de France, 1995.[d]

9 Cf. Hélène Tessier. *La psychanalyse américaine*. Coleção "Que sais-je?". Paris: Presses Universitaires de France, 2005.

apenas no conhecimento do ser humano como indivíduo. Ele bem sabe que uma sociedade não é o mesmo que um indivíduo. Formula propostas precisas sobre a maneira – segundo o seu entendimento – como uma sociedade se constitui a partir dos indivíduos que a compõem. Sua teoria é psicossociológica, no sentido em que é fundada sobre um desconhecimento, ou ainda sobre uma recusa de considerar a teoria social. Freud encara a sociedade como um agregado de indivíduos mais próximos de um rebanho ou de uma horda do que propriamente de uma comunidade dotada de instituições.

O fato de os indivíduos não praticarem espontaneamente à prática do bem e da justiça é uma constatação ratificada por um método muito poderoso: o método clínico. Contudo, isso não justifica a recusa de outros recursos por vezes empregados pelos seres humanos quando estão reunidos para esconjurar a violência.

Reprimir a violência e viver juntos não são sinônimos. Mas coibir a violência é uma condição *sine qua non* do viver juntos, uma vez que a violência pode ser propulsionada[e] pela sexualidade, e coibi-la passa por limitações impostas à sexualidade; todas as sociedades exigem de seus membros uma forma ou outra de limitação das práticas sexuais[10], o que certamente ignora um número considerável de teóricos da sociedade, para os quais a sexualidade humana está fora da teoria social. Assim, viver juntos implica inicialmente estabelecer proibições e fazer com que esses interditos sejam respeitados. Mas isso não é o bastante para a formação de uma comunidade humana. A tese que será aqui defendida consiste na constatação de que ao trabalho caberia um papel determinante na elaboração das relações de civilidade graças às quais os indivíduos conseguem viver e agir juntos. Sustentar a tese da "centralidade política" do trabalho pressupõe uma teoria anterior explícita sobre a sexualidade humana. Essa tese envolve o examinar, na esfera

10 Maurice Godelier. *Métamorphose de la parenté*. Paris: Fayard, 2004.

da teoria do sujeito, o que significa a dupla centralidade da sexualidade e do trabalho. A chave que soluciona o paradoxo da dupla centralidade encontra-se nos poderes extraordinários do corpo e será o objeto do primeiro tomo deste livro.

A tese da centralidade política do trabalho supõe ainda ter em mãos uma teoria das relações entre os seres humanos que formam a sociedade. Assumir a herança freudiana é antes de tudo ser fiel à teoria da sexualidade humana. Mas isso implica estar de acordo também com a teoria social proposta por Freud, que está imbricada à teoria sexual? Responder à questão das propulsões que acarretam a limitação voluntária da sexualidade passa por uma discussão detalhada com a teoria social que Freud propõe em *"Psicologia das massas e análise do Eu"*.[11] Freud não reserva espaço algum para as relações que os homens tecem entre si quando trabalham. Seria possível, sem renunciar à centralidade da sexualidade, conferir o espaço que cabe ao trabalho na teoria social?

Se, de fato, o trabalho ocupa um lugar de destaque na construção da identidade e nas relações sociais, em que condições uma nova modalidade de pensar o trabalho pode oferecer instrumentos para fazer frente à crise da política e sustentar uma luta coerente contra a decadência da pólis? Este será o tema do segundo tomo, intitulado "Trabalho e emancipação".

Reconhecer os méritos de nosso regime político deveria ser a primeira preocupação de quem é testemunha deste nosso tempo. Isto não é contudo simples, uma vez que não se pode fechar os olhos à injustiça e à miséria a que são submetidos uma quantidade significativa de nossos contemporâneos. Não há guerra generalizada desde meados do século passado. A França nunca foi tão rica. Os bens e serviços são de tal monta que não se consegue consumi-los. A maioria usufrui dessa prosperidade inédita. Uma

11 Sigmund Freud. *Psychologie de masses et analyse du moi*. Paris: Presses Universitaires de France, 2010.[f]

minoria permanece apartada e não há razão para que esperem por dias melhores.

Ninguém mais acredita que, em futuro próximo, uma distribuição mais equânime encabece a lista das prioridades políticas. A maioria abastada deixa agir os especuladores "e faz corpo mole". A inércia diante da injustiça ganha terreno a cada dia. A inércia é a realidade. Ela está mais ou menos dissimulada por uma agitação que alguns justificam em nome da "guerra econômica", à qual outros se deixam envolver com receio de ser mal julgados. Alguns protestam e denunciam a injustiça, mas isso de nada serve no mundo em que vivemos. Barulho, um pouco de barulho é tudo o que se produz, uma vez que o discurso de protesto não consegue mais tornar-se ação. Os mais destemidos que, contra tudo e contra todos, procuram ainda lutar, esbarram na resistência e inércia dos demais e experimentam a inutilidade de seus esforços e de sua impotência política. Em suma: cada um de nós, com suas indignações e dúvidas, com o desânimo e a angústia, é condenado à solidão.

Inércia diante da injustiça e da solidão na impotência em agir, tais são os males que acometem os nossos contemporâneos.

E isso não é tudo. No fascínio exercido pelas fortunas conquistadas sem esforço e na exaltação dos corpos idealizados no desempenho esportivo revela-se uma degradação profunda do viver juntos. Não se trata de inquietude suscitada pelo ingresso da violência na paisagem da vida no dia a dia, é mais grave: trata-se da descrença de não mais se esperar, *a priori*, nada de bom do outro. Nosso mundo não cultiva o amor entre os seres humanos. E, na adversidade, as formas habituais da solidariedade entre cidadãos afastaram-se progressivamente para mobilizar, quando muito, alguns poucos parceiros no espaço privado.

Essas impressões não constituem um diagnóstico do nosso mundo. Elas são, contudo, suficientemente difundidas para que se as considere como o que realmente são: um sintoma. Ou seja: uma manifestação da desagregação da civilidade. Pois esta deve ser considerada profunda ou superficial, duradoura ou passageira? Mesmo que sobre o tema só se possa adiantar conjecturas, as consequências possíveis dessa decomposição exigem que se procure esconjurá-las antes que tragam a prova definitiva e trágica de sua irreversibilidade.[12] Sobre que bases empíricas a localização desses sinais indicativos está fundada? Sobre a experiência clínica.

Em primeiro lugar, sobre a experiência da clínica do trabalho, que mostra um agravamento inconteste da psicopatologia, com o surgimento de repetidos casos de suicídio relacionados ao trabalho, e, mesmo cometidos no próprio local de trabalho,[13] relacionados tanto a operários, como a empregados de escalão intermediário e executivos. A incidência crescente de patologias ligadas ao assédio não se deve, provavelmente, à sua intensificação, visto que o assédio sempre foi praticado pelos chefetes, mas sobretudo à solidão e ao fim das reações e gestos de solidariedade face ao sofrimento e à injustiça. Suicídios no trabalho e patologias do assédio são as formas clínicas mais eloquentes da desagregação do viver junto no dia a dia.

A clínica psiquiátrica convencional também evolui. Há um aumento constante da demanda social no que diz respeito à psicoterapia. As interpretações desse fenômeno, repetidas há décadas, não são satisfatórias. Imputar essa demanda aos triunfos do poder médico e psiquiátrico convence apenas aqueles que ignoram o cotidiano do exercício da medicina concreta. Os próceres da medicina de ponta propagam há muito tempo, a desconfiança em relação às práticas psicoterapêuticas amparadas pelas ciências moles (leves). Em relação ao que se designa como "medicalização",

12 Adrien Barrot. *Si c'est un Juif*. Paris: Michalon, 2007.

13 Maryvonne Gournay, Françoise Lanièce & Isabelle Kryvenac. "Étude des suicides liés au travail en Basse-Normandie". In: *Travailler*, n. 12, 2004.

"psicologização" ou "psiquiatrização" dos conflitos sociais, não há mais qualquer razão para concessão de algum crédito. O processo corre em sentido inverso, o que não deixa de ser uma denúncia: trata-se mesmo da supressão da solidariedade, da exacerbação da concorrência em todos os domínios da vida e da derrocada dos elementos propulsores que motivam e fundamentam a ação coletiva. Essas são as causas reais de as pessoas recorrerem, de maneira crescente, às psicoterapias.

Junto a quem procurar reconforto, orientação, um gesto de simpatia e de benevolência, uma opinião, uma escuta? Homens e mulheres que buscam o psiquiatra, – o psicólogo ou o psicanalista, fazem-no porque não encontram outro interlocutor; porque para refletir acerca das questões suscitadas pela vida ordinária não há espaço público de deliberação. Os espaços públicos foram pouco a pouco abandonados, pois o que é dito já não mais engaja os que fazem uso da palavra. O espaço público não é apenas um lócus de palavra e de escuta, certamente também é isso, mas só se torna realmente espaço público quando a palavra – assim como a escuta – engaja aqueles que estão implicados e uma vez que a palavra se transforma em ação.

No consultório do clínico, palavra e escuta mobilizam os protagonistas, mas no âmbito de um espaço privado que não tem qualquer repercussão política. A experiência do clínico revela, em verdade, o quão frequente é a confusão entre os espaços público e privado por parte daqueles que o procuram. E seria inócuo dissimular as dificuldades que isso acarreta para o clínico. A ele é demandado intervir junto à empresa, a agir com a direção da escola frequentada pelas crianças, a decidir, a ser o porta-voz, o mediador, a produzir relatórios periciais em apoio a todo tipo de processo e a propósito de toda sorte de litígio. O clínico é cada vez mais convocado como auxiliar de uma ação que jamais chega a seus objetivos. É fato que o clínico não sabe desempenhar bem esse papel.

Sua prática se torna atabalhoada, sem fundamento. Ele se mostra inapto, recusa-se, nega, exaspera-se, afasta quem pleiteia. Jamais a confusão entre demanda por cuidados e demanda por ajuda social foi tão profunda como o é hoje.

Importa reconhecer que a tarefa dos clínicos é ambígua e, diante das dificuldades, muitos são os que se refugiam na especialização técnica para escapar às demandas mais constrangedoras. É sobre a análise desse mal-estar na clínica que se baseia o diagnóstico de desagregação da civilidade. A clínica do trabalho e a clínica ordinária não são apenas um depositário de inabilidades, mas podem ser uma fonte para pensar, ou mesmo repensar, diferentemente, as relações entre o indivíduo e a pólis.

A clínica do trabalho e a clínica psicanalítica formarão a base empírica a partir da qual será proposta uma análise sobre os propulsores da emancipação. Se a desestruturação das solidariedades e a crise política levam nossos contemporâneos aos consultórios do clínico, não seria uma aberração partir da própria experiência clínica para tentar compreender os propulsores psíquicos relacionados à vontade de agir ou, ao contrário, que denotam a resignação. Pesquisadores trabalharam sobre as bases psíquicas da dominação e da servidão, mas o conhecimento relacionados com os propulsores da vontade de agir politicamente é ainda mais obscuro.

O ceticismo deve ser a primeira reação a essa iniciativa. O que um clínico pode dizer sobre a política? Onde ele está metendo a sua colher? A tolice já está suficientemente disseminada para que nos sejam impostas ainda as reflexões dogmáticas de um clínico sobre temas a propósito dos quais ninguém lhe reconhece qualquer legitimidade.

Essa desconfiança – tanto do filósofo como do militante – encontra respaldo no psicanalista. A psicanálise é uma prática. Por isso ela é normativa ou seja, ela define as regras que enquadram essa prática. Mas, o campo no qual se exerce essa normatividade deve ser rigorosamente limitado à prática da análise, ao ofício de analista. Muitos psicanalistas – deploramo-lo sempre – engajam-se no espaço público a propósito de toda e qualquer temática para expressar pontos de vista e opiniões. Se é como cidadãos que falam ou escrevem, nada contra, mas em boa parte das ocasiões eles são instados a manifestar o seu ponto de vista como psicanalistas, como *experts*, o que é incoerente. O psicanalista não é um *expert*. Para o psiquiatra que assume responsabilidades no serviço público de saúde, por exemplo, a situação não é a mesma; mas o psicanalista não pode ser um *expert* porque sua prática está fundada justamente na dúvida. Esta procede do questionamento de todas as construções, sejam elas de origem social ou individual. A abordagem analítica procede de uma desconstrução que não se apoia em um *corpus* de conhecimentos positivos que se contrapõem a outros conhecimentos com os quais concorre.

Pelo fato de a teoria psicanalítica ser fundada em conhecimentos refutáveis, isso não significa que tais conhecimentos conduzam necessariamente a um saber refutável sobre o paciente. Se a psicanálise é concebida como a teoria da sexualidade humana e se é justamente com base nessa teoria que se postula a prática da cura, jamais foi questão que uma cura implicasse um mínimo de controvérsia entre paciente e analista sobre a mencionada teoria sexual, ou que essa teoria pudesse ser contestada por um paciente. A teoria psicanalítica só pode ser mobilizada como saber positivo no debate científico com outras teorias antropológicas, ou seja, fora da prática. O espaço público não é um espaço científico, não serve para o confronto entre os diferentes conceitos, presta-se apenas para que opiniões possam ser confrontadas entre si. E, por se tratar de opinião, o analista deixa de ser analista, torna-se cidadão como todos os demais. É por isso que a psicanálise não poderia ser considerada como normativa fora do campo estrito da discussão sobre a prática analítica.

Em realidade, o texto que segue não é um texto propriamente psicanalítico. Como testemunha da evolução do mundo do trabalho, arriscarei uma pesquisa sobre os propulsores psicológicos da emancipação. Desde suas origens, no pós-guerra, a psicopatologia do trabalho mantém com a psicanálise uma discussão científica. Esta discussão – ao mesmo tempo clínica e teórica – será a referência privilegiada da abordagem aqui proposta. Sexualidade e trabalho têm relações muito mais estreitas do que se imagina. A subjetividade é estruturada pela sexualidade, mas ela é também – quer se queira, quer não – inteiramente mobilizada nas relações de trabalho. O trabalho, por isso mesmo, pode ser para a subjetividade uma provação essencial, por meio da qual ela se revela a si mesma e pode sair enriquecida. Mas se essa provação terminar em um impasse, então a subjetividade pode sofrer danos profundos. A provação pode ser tão desastrosa que, ao final de contas, levaria o sujeito ao suicídio. A centralidade do trabalho para a subjetividade não é uma formulação retórica, e os argumentos estão presentes neste volume para colocar em perspectiva o que a teoria psicanalítica ganharia se estivesse apta a integrar uma teoria do trabalho. Esta discussão tem por objetivo mostrar ainda que as relações entre a sexualidade e o trabalho só podem ser amalgamadas em uma arquitetura do corpo que não é nada menos do que a própria condição imanente da vida.

O resultado das relações entre o trabalho e a vida, que percorrem o caminho que vai da felicidade à infelicidade, não depende apenas de uma economia individual. O trabalho é também uma relação social perpassada pela dominação. O sucesso ante à provação individual do trabalho em relação à subjetividade depende das condições sociais do trabalho. O trabalho pode gerar violência, e pode mesmo ser colocado a serviço da violência organizada. Em que condições o trabalho pode servir ou tornar-se meio capaz de reunir os seres humanos? Sob condições, já em sentido oposto, ele fomenta a desagregação e a destruição? É essa questão que faz emergir o tema de uma outra centralidade do trabalho: a centralidade social do trabalho. Como dominar os processos relacionados com essa segunda centralidade? É uma preocupação que leva, *nolens volens*, a observar as relações entre o trabalho e a cultura, a delinear uma antropologia política do trabalho e uma teoria das relações entre trabalho, emancipação e "*amor mundi*". Este será o objeto do segundo tomo.

Já foi tratada a questão da desconfiança sobre o direito de expressão a propósito das relações entre clínica e política. Ao se supor que um tal obstáculo possa ser superado, deve-se esperar outra dificuldade tão importante quanto a primeira: vincular deliberadamente a política ao trabalho, sustentar que o trabalho é em si um problema político e não um problema social, ou seja, colocar-se contra a tradição filosófica, que, desde Aristóteles, separa o trabalho da política e a *poiesis* da *praxis* para opô-los como antinômicos. O texto a seguir rompe com essa tradição, desautorizando-se, assim, de qualquer apoio filosófico. Se, de fato, a crise da política é expressa pela depreciação da ação reduzida a uma simples atividade e pela dissolução do espaço público em preocupações vitais e subjetivas do espaço privado, então é possível que agora tenhamos de percorrer uma vez mais, às nossas expensas, o caminho inverso, partindo da subjetividade e do trabalho rumo à política. Caminho certamente considerado uma aberração aos olhos dos sábios especialistas. Mas o século XX espalhou a dúvida a cerca das teorias políticas. Se das atrocidades das guerras mundiais – da Shoah ao gulag – o capitalismo saiu triunfante, o mesmo não se pode dizer em relação à filosofia moral e política.

Mesmo que sejam pequenas as possibilidades de encontrar nos escombros do pensamento o fio vermelho da meada, é necessário contentar-se em perambular, de início pelos caminhos pouco prestigiosos da clínica.

Por essa razão, começarei por uma análise clínica dos propulsores da inteligência individual no trabalho, na qual um lugar de destaque será concedido aos "poderes do corpo", tema do primeiro capítulo.

O capítulo seguinte será, ao contrário, inteirame teórico. Abordar a maneira como o trabalho aparece na teoria psicanalítica, em particular nos textos de Freud, permitirá traçar um esboço sobre o interstício que se entre a metapsicologia psicanalítica e a teoria em psicodinâmica do trabalho (capítulo 2).

O corpo revela-se como passagem obrigatória de uma teoria do trabalho, seja ele compreendido em sua acepção freudiana ou segundo a psicodinâmica do trabalho. Mas é indispensável estabelecer com precisão de que corpo estamos falando ao invocarmos a inteligência do corpo, ou ainda o "corpo pensante", que é o princípio mesmo da habilidade para o trabalho (capítulo 3).

Um esboço da metapsicologia do corpo será em seguida apresentado, no capítulo 4.

Para lançar uma passarela capaz de promover um diálogo com uma antropologia respeitosa do lugar reservado à sexualidade, será necessário examinar os limites que se opõem à formação do corpo erótico e que produzem falhas que provavelmente são determinantes na gênese do medo (capítulo 5).

As relações entre sexualidade, medo e violência compulsiva serão examinadas no capítulo 6, intitulado "Entre pulsão e compulsão".

A configuração inversa da violência – que também nasce do medo – a servidão. Nas relações privadas, essa última instaura, com frequência, a fusão entre o trabalho doméstico e a submissão (capítulo 7).

O oitavo e derradeiro capítulo tratará a maneira como se pode "escutar o trabalho" na cura psicanalítica. Será especificamente abordada a extensão do trabalho psíquico que implica, para um paciente, o desejo de fazer com que sua relação subjetiva com o trabalho evolua.

Notas do tradutor

a Hannah Arendt. *Origens do totalitarismo*. 2. ed. São Paulo: Companhia das Letras, 1989 [1951].

b Christophe Dejours. *A banalização da injustiça social*. Rio de Janeiro: Editora Fundação Getúlio Vargas, 2000.

c *Mouvement des Entrepreneurs de France* (Movimento dos empreendedores de França), influente organização de classe do patronato francês.

d Sigmund Freud. "Uma dificuldade em psicanálise". In: Freud *Obras completas*, vol. 14. São Paulo: Companhia das Letras, 2010.

e Dejours emprega continuamente o termo "ressort", que faculta o sentido de propulsão e de movimento. Optamos por traduzi-lo por "propulsor", "propulsão", "propulsar", termos capazes de expressar essas características de movimento originado em uma mola propulsora, no lugar de "impulsor", que poderia oferecer as características de impulsivo, a denotar irreflexão, movimento incontido, e muito próximo a "impulso", termo que merecerá nota específica.

f Sigmund Freud. "Psicologia das massas e análise do Eu". In: Freud *Obras completas*, vol. 15. São Paulo: Companhia das Letras, 2011.

1. A inteligência no trabalho[1]

Neste capítulo, tentarei reunir o que a clínica nos ensina sobre a relação subjetiva com o trabalho. A clínica do trabalho partiu da pesquisa sobre as patologias mentais relacionadas com o trabalho (psicopatologia do trabalho). Mas aqui o objetivo é de certo modo o inverso: trata-se de analisar as bases da inteligência no trabalho. Em determinadas circunstâncias, essa inteligência pode ser não apenas o princípio de uma produção de qualidade, mas ainda de uma ampliação da própria subjetividade, no sentido da realização de si mesmo. As habilidades profissionais modelam-se a partir do esforço para a superação dos obstáculos que o mundo confronta à habilidade técnica. Elas não preexistem ao trabalho, são uma "propriedade emergente". No processo de formação das habilidades, o corpo desempenha um papel essencial. Trataremos então principalmente da inteligência do corpo.

1 Este capítulo retoma tema já abordado em meu artigo "Ingéniosité et évaluation". In: Psychiatrie Française, vol. 35, n. 4, 2004, pp. 128-148.

O trabalho e o real

O trabalho

Trabalhar é preencher a lacuna existente entre o prescrito e o efetivo. É necessário repetir: o trabalho se define como aquilo que o sujeito deve acrescentar às prescrições para atingir os objetivos que lhe são confiados; ou, ainda, o que ele deve dar de si mesmo para fazer frente ao que não funciona quando segue escrupulosamente a execução das prescrições.

São conhecidas as situações nas quais os trabalhadores (ou os "operadores", como se diz em ergonomia) se limitam estritamente a um trabalho de execução. E é uma catástrofe! Se eles respeitam exatamente as ordens, em uma obediência absoluta, a isso se chama "operação padrão".[a] E nada mais funciona, a produção entra em colapso. Nenhuma empresa, nenhuma organização, nenhuma instituição, nenhum serviço, nenhum ateliê funciona se os operadores se tornam obedientes. Um exército no qual os homens obedecem rigorosamente as ordens é um exército derrotado.

Então, o que seria este zelo do qual nenhuma organização pode prescindir, mas que, em geral, os executivos e os gestores desconhecem? O zelo pode ser considerado:

- como uma certa forma de inteligência, que tentarei descrever em seguida; e também
- como certas modalidades de mobilização dessa mesma inteligência. A inteligência por si só não é suficiente, o zelo conota a *mobilização*, a vontade, até mesmo o desejo de colocar essa inteligência em ação.

O real do trabalho

A discrepância entre o prescrito e o efetivo, no trabalho, nunca é definitivamente eliminada. Sobrevêm sempre, em todas as situações de trabalho, dificuldades e incidentes imprevistos.

Por exemplo: quando eu estava no início da residência médica, havia um velho doente de origem russa, hospitalizado em razão de um câncer de pulmão. Ele apresentava um quadro clínico de derrame pleural que agravava sua dispneia, e eu decidi fazer uma punção da pleura. Como eu gostava muito desse paciente e não queria lhe causar dor, apliquei-lhe um mililitro de Xilocaína® para anestesiar a área da punção. E eis que ele apresentou uma reação aguda ao medicamento e entrou em estado de choque. Por precaução, eu o havia levado para uma unidade de cuidados intensivos. Os intensivistas que estavam ao lado, me auxiliaram prontamente, entubando-o. Mas o broncoespasmo era invencível, mesmo aplicando-lhe fortes doses de corticoides. O ar era insuflado, mas não passava pelos brônquios. Em alguns minutos ele se transformou, em razão do enfisema subcutâneo, em um *bibendum* disforme.[b] Apresentou então uma fibrilação ventricular. Submetemo-lo a choques, meia hora de massagem cardíaca. Nenhuma reação! Morreu. Matei meu paciente.

Uma experiência horrível. É a experiência do real. O real é o que se deixa conhecer por quem trabalha por sua resistência ao saber-fazer, aos procedimentos, às prescrições, é aquilo que se revela, geralmente, sob a forma de resistência à habilidade técnica, ao conhecimento. Aqui o real se revelara por duas vezes: para mim que, ao desejar aliviar a dor do doente provoquei sua morte; para os intensivistas, que jamais compreenderam a invencibilidade dos broncoespasmos.

O paradoxo do real

Há um paradoxo, no real. Quando todo o meu saber se choca contra a resistência do mundo, seguramente estou no real. E o que eu considerava como verdadeiro aparece, de repente, como falso. O real é a verdade que se revela por sua negativa. Primeiramente, ele se deixa conhecer por aquele que trabalha sob a forma de *fracasso*, como experiência desagradável, dolorosa, ou como sentimento de impotência ou angústia, até mesmo de irritação, raiva ou decepção, de desânimo. A princípio, é sempre *afetivamente* que o real do mundo se manifesta para o sujeito.

Superar o real

Nem toda as experiências do real são tão dramáticas como essa que acabo de relatar sobre o meu paciente russo. Em todo e qualquer trabalho de pesquisa, podemos nos deparar com situações que não entendemos. A cada vez que tentava, por exemplo, fazer uma preparação de pâncreas a ser perfundida em ratos em ratos, o tecido se necrosava em poucas horas. Havia algo que não funcionava em meu *modus faciendi*, mesmo com total respeito aos procedimentos e protocolos. E eu não sabia a origem do fracasso.

Trabalhar, aqui, é continuar indefinidamente a buscar, a recomeçar e sobretudo, a encontrar uma solução. É imperativo descobrir as origens do problema, às vezes inventar uma solução possível. Acabei por encontrar, para esse problema específico, um "truque", um "jeitinho" ou mesmo uma "astúcia": acariciar e adular o ratinho antes de anestesiá-lo e realizar uma intervenção o menos invasiva, o menos traumática possível. A preparação do pâncreas, com tais cuidados adicionais, não necrosava.

A inteligência inventiva

Neste caso, é necessário recorrer a uma inteligência bem particular, pois se trata de encontrar uma resposta para um problema cuja solução não conheço. Tal é verdade para o pesquisador, mas é verdade também para todos os que trabalham. A inteligência mobilizada é uma inteligência que descobre, uma inteligência que inventa, às vezes trata-se de uma inteligência criativa.

Se insisto neste ponto é porque ao mesmo tempo em que se desconhece a discrepância entre o prescrito e o efetivo,[2] desconhece-se também que todos os que trabalham devem mobilizar uma inteligência inventiva que é parte integrante do trabalho ordinário. Mesmo os pesquisadores em psicologia, em particular na psicologia cognitiva, desconhecem essa inteligência, porque eles não estudam o trabalho mas sim situações artificiais. Não estudam a inteligência confrontada ao real, eles se atêm geralmente ao que se denomina "resolução de problema", cuja solução se conhece de antemão.

Isso nos remete a outra questão: a do ensino. Em medicina, assim como em enfermagem, ensinam-se apenas conhecimentos aos estudantes, não se pode ensinar o trabalho propriamente dito. Cada médico, ao deixar a escola de medicina para instalar-se por conta própria em um consultório, deverá encontrar por si só, a partir de sua inteligência inventiva e criativa, as artimanhas, as astúcias da profissão que não lhe foram ensinadas. Ocorre com a aprendizagem do profissional de saúde o mesmo que com a criança: não se ensina uma criança a andar. Pode-se segurá-la pelas mãos, mas não se explica como tensionar os músculos, mover as articulações, encadear os movimentos. É necessário que ela descubra sozinha e que, como nós, passe à experiência do real... são inúmeras quedas, equimoses até que ela descubra ou invente soluções para recobrar o seu equilíbrio quando cambaleia.

2 Cf. Laerte Sznelwar. "Alain Wisner: Le développement de l'ergonomie et de la pensée sur le 'travailler' ". in: *Travailler*, n. 15, 2007.

A inteligência astuciosa, uma inteligência não acadêmica

A métis dos gregos

Esta inteligência – que está no princípio mesmo do zelo no trabalho – é algo completamente original em relação ao que nos ensina o saber acadêmico. Ela não é desconhecida, apenas é desconsiderada há muito, pois foi repudiada por Platão, embora tenha sido defendida por Aristóteles. Os gregos da Antiguidade a conheciam e a veneravam por intermédio de uma deusa chamada Métis. Para eles, tratava-se de uma inteligência que agia pela *astúcia*, como a raposa que se finge de morta para que o galo não desconfie. E por *mimetismo*, como o polvo que toma a cor do rochedo à espreita da passagem de sua presa.

É ainda uma inteligência que se assenta na economia do esforço e emprega, quando necessário, o uso de artifícios seja no jogo, seja no combate – valendo-se da força e do peso inercial do adversário para derrotá-lo. É a astúcia do pequenino Davi contra o gigante Golias.

A métis preocupa-se sobretudo com a eficácia e age com liberdade, ou mostra-se um tanto impertinente em relação às regras e às leis. A trapaça, a fraude, o blefe integram o seu arsenal. Quando o resultado é brilhante, e a vitória, esplendorosa, a admiração, o triunfo fazem com que os desvios em relação às regras sejam perdoados. Atualmente algumas trapaças, alguns desvios nos esportes de competição, são muitas vezes tolerados, pelo público.

Métis e improvisação

O mais importante nas características dessa inteligência é que ela permite o improviso, a inventividade, a busca de soluções. Possibilita embrenhar-se por caminhos insólitos, em situações novas, desconhecidas, inéditas. É uma inteligência astuciosa, mas também inventiva, criativa, por vezes debochada e até insolente. Os gregos dizem tratar-se de uma inteligência curva, pois não segue as vias bem traçadas e nítidas do raciocínio lógico.

Métis e a inteligência do corpo

Last but not least,[c] Métis é fundamentalmente uma inteligência do corpo. O mimetismo do polvo, a astúcia da raposa ilustram a inteligência do corpo nos predadores, mas também no navegador que manipula com destreza o leme para contornar as grandes ondas e capturar com perfeição o vento no velame. É ainda o faro do político e o saber-fazer dramático do tribuno que angaria a adesão das grandes assembleias. É a arte do médico que usa de astúcia para driblar a doença e os diferentes humores de seus pacientes.

Todas essas qualidades, Métis as deve a seu corpo e à sua sensibilidade, à sua flexibilidade, à habilidade de seus movimentos.

Métis é uma deusa. Zeus apaixonou-se por ela, que, em seguida ficou grávida. A preocupação de Zeus foi imediata. Receava que a criança acumulasse a inteligência do pai – que ultrapassava a de todos os demais deuses – e a inteligência do corpo, a inteligência astuciosa de Métis, a mãe. Preocupava-se com os riscos a que ficaria submetido se um filho mais inteligente do que ele decidisse tomar-lhe o lugar no Olimpo. Recordava-se como ele próprio venceu os Titãs e seu próprio pai, Cronos. Como solução decidiu engolir Métis e conservar para si a inteligência da deusa, bem guardada em seu ventre. É de se observar que essa inteligência situa-se efetivamente no ventre e não no cérebro. É uma inteligência do corpo, não é uma inteligência cerebral. Dessa incorporação mágica, Atena – a filha de Zeus e de Métis – veio à luz com armas em punho, parida da cabeça de Zeus.

A subjetivação do mundo

"Corpo a corpo..."[d]

O termo "subjetivação" é hoje utilizado (utilizado demais) em psicanálise para designar processos que presidem gênese do Eu[e], ou dependem da individuação - separação a partir de uma suposta simbiose primitiva da criança com a mãe. No presente caso, a subjetivação remete a outra coisa. Mais precisamente:

- às *condições* segundo as quais o mundo (matéria, ferramentas, objetos técnicos) pode ser apropriado por um sujeito, por um lado;
- às *maneiras* sob as quais se faz essa apropriação (como experiência afetiva do corpo e não como representação cognitiva), por outro lado.

No âmbito da perspectiva proposta por Jean Laplanche – e sobre a qual teremos a oportunidade de voltar com mais detalhes no capítulo 4 –, não há acesso direto ao mundo. A realidade existe apenas como realidade psíquica ou não existe. E por realidade psíquica deve-se entender a realidade tal como se apresenta para o sujeito, mediante uma mensagem a ser "decifrada", "traduzida" e não sob a forma de uma objetividade imediata.

Se globalmente esta posição epistêmica se justifica, gostaria de também adiantar essa forma muito particular de comunicação que não passa pelas palavras, nem por discursos constituídos, mas por uma simbiose com o mundo e com a resistência que este último opõe aos poderes do corpo. Na esteira do que já adiantou Michel Henry, acredito que a subjetivação do mundo – que passa primeiro por uma "*corpopriação*"[f] do mundo – é a condição *sine qua non* de todo conhecimento, até mesmo do conhecimento científico. É mediante a *corpopriação* do mundo que este pode se "revelar", pode se "manifestar" enquanto fenômeno.

O conhecimento efetivado pelo corpo é de extrema sutileza e demanda a mobilização do corpo subjetivo por inteiro, que opera aqui como por apalpação do mundo. Essa sutileza ilustra-se no contato com a matéria, no sentido convencional do termo, mas também com a matéria "imaterial", aquela da presença do outro, por exemplo, como em medicina, em psiquiatria, ou de modo mais amplo, como na clínica. É assim que um colega – Bernard Odier – falava do "aperto de mão" do psiquiatra. Como, baseado em quais registros de sensibilidade e de experiência do corpo está fundada essa capacidade do psiquiatra em apalpar, logo de início, com cada novo paciente, não apenas a materialidade de um corpo (ela está efetivamente no encontro marcado desde a primeira consulta), mas também tatear uma organização mental, uma qualidade de vida psíquica do paciente, e isso de modo tão rápido que, a partir do primeiro aperto de mão, o diagnóstico já estaria esboçado: seria um pré-conhecimento pelo corpo de uma dimensão imaterial, o funcionamento psíquico ou, como o escreve Freud, o funcionamento "anímico".

A "matéria" imaterial

Outros casos sobre a experiência dos cuidados em saúde poderiam ser apresentados.[3] Por exemplo: quando jovem, há mais de 30 anos, trabalhei em prisões. Ainda não concluíra o curso de medicina, tampouco realizara minha residência em psiquiatra, mas os responsáveis deixavam-me a sós com aquela população de cerca

3 Cf. Selma Lancman *et alii*. "Agente comunitário de saúde: Um trabalhador na 'berlinda'. Estudo em psicodinâmica do trabalho", . In: *Travailler*, n. 17, 2007.

de dois mil prisioneiros. Havia em uma delas uma seção reservada aos detentos com problemas psiquiátricos graves, incompatíveis com a vida carcerária comum, transferidos de outras unidades carcerárias de toda a França. O que acontecia ali a cada noite era estarrecedor. Entre os presos, havia um imigrante italiano, um gigante de dois metros que não falava uma única palavra de francês, assim como eu não falava uma única de italiano. Ele sofria de crises de delírio e destruía tudo em sua cela, gritando e esmurrando a porta. Quando os agentes não sabiam mais o que fazer, chamavam o médico. Pela portinhola, o italiano gritava, dizia estar sendo atacado por chineses e por maoistas. Introduziram-me em sua cela. Eu tinha medo, ele continuava aos berros, certo de que eu era um chinês disfarçado. Sentei-me então sobre o seu leito e comecei a falar-lhe sem parar, olhando-o fixamente nos olhos. Consegui entender algumas de suas palavras, trechos de relatos com histórias de guerra, de invasão, entre outras tantas narrativas ininteligíveis. E eu sempre respondia, que era o médico; era a única coisa que eu conseguia pronunciar.

Acalmou-se. Contudo, não conseguia dormir e ficou de pé na frente da porta, não queria que eu saísse de sua cela. Tive de passar a noite em sua companhia! Então eu lhe disse que, para que ele dormisse teria de aplicar-lhe uma injeção de um medicamento neuroléptico. Mas ele tinha medo de injeção e aquele homenzarrão passou a vociferar algo que eu traduzia como: "Dói, dói, não quero injeção". Parecia realmente que tinha um grande medo de injeção. Por detrás do gigante escondia-se um garotinho manhoso. Respondi: "Eu, médico, não machuco quando aplico injeções". Era difícil explicar-lhe... por fim, aceitou. Receoso que repentinamente ele apresentasse uma reação violenta, disse-lhe: "Nós dois aplicaremos juntos esta injeção. Você se deita na cama e, quando estiver pronto, conta: 'um, dois, três, fogo!'". Ele gostou da ideia. Abaixou as calças, eu com minha seringa em punho, e ele gritou: "um, dois, três, fogo!". Enfiei-lhe a agulha.

Ele ficou muito feliz com essa pequena encenação. Na sequência, durante seis meses, todas as noites, punha-se a gritar: "Doutor Dejours, doutor Dejours!" Quando eu estava de plantão, diferentemente das demais noites, tudo ficava calmo. A partir do instante em que eu entrava em sua cela, ele abaixava as calças: "Doutor Dejours! um, dois, três, fogo!" Todos estavam felizes: ele, os agentes penitenciários, os demais detentos e eu podíamos dormir tranquilos.

Bom! Mas como surgiu essa ideia absurda de encenação para conquistar sua confiança? Trata-se de uma intervenção sem o recurso de um raciocínio lógico ou de uma estratégia padronizada para a solução de um problema. É um procedimento designado pela fenomenologia como "contato". É esse contato, fundamentalmente corporal e afetivo, com as atitudes corporais do paciente que, depois de alguns minutos de impregnação, abre o caminho do universo mental desse doente, mesmo que eu não compreenda sua língua. Sem que eu possa explicar como, aparece a ideia da encenação: "um, dois, três, fogo!" Passa, com certeza, por minha percepção, sobre o seu universo infantil, onde as invasões estão relacionadas com as paródias de batalhas do *Ancien Régime*, quando tiros de advertência antecediam o bombardeio.

Interessante destacar que a análise do caminho da intuição só pode ser feita *a posteriori*. Sua progressão não é previsível, ela se impõe, chega com a força do corpo ao espírito, que, receptivo à meta a ser alcançada – acalmar o paciente – encontra uma fórmula, uma astúcia. É evidente que essa capacidade de contato e de mimetismo não cai do céu. Ter contato contínuo e prolongado com os detentos e com o mundo prisional instrumentaliza a inteligência do corpo.

Descobertas da inteligência do corpo e ambiguidade

Eis outro exemplo que foi analisado por um de meus estudantes. Este refere-se a assistentes de creches e jardins de infância que trabalham com criancinhas, muitas das quais ainda lactentes. Depois da refeição do meio-dia, as crianças dormem. A assistente maternal deve vigiá-las durante o sono, medida preventiva contra eventuais incidentes: uma criança resfriada que tosse e se sufoca, outra que tem uma pausa respiratória demasiadamente prolongada, outra ainda que regurgita e se asfixia... Tem-se, às vezes, até vinte crianças que devem ser vigiadas ao mesmo tempo. É difícil, e as assistentes têm medo de não perceber um incidente mais grave.

Outra dificuldade é a de resistir ao sono, pois essas mulheres ficam cansadas, e o sono das crianças as contagia. Elas encontraram então uma "*artimanha*" que é, também, uma produção da inteligência do corpo. Elas sentam-se, pegam um novelo de lã, agulhas e tricotam. Ao tricotar, combatem o sono. É uma atividade silenciosa, que tem a vantagem de evitar uma escuta excessivamente atenta das crianças, pois quando se escuta em demasia, qualquer respiração torna-se suspeita: seria um estridor? Um barulho do nariz? Uma dispneia de Cheyne-Stokes? Uma pausa na respiração? Ao tricotar e tirar as crianças do campo de visão, elas se colocam em um estado de escuta flutuante. Estabelecem uma simbiose com o barulho e o murmúrio das respirações, com os quais se familiarizam. A partir do instante em que sobrevém uma variação nesse ruído de fundo do "coral respiratório", elas sabem de imediato que há algo de anormal, e rapidamente encontram a criança que não está bem. É um saber-fazer de ofício.

Se insisto neste pequeno relato é que ele permite chamar a atenção para vários aspectos importantes:

- O que pode pensar o diretor administrativo quando ele depara com a situação ou quando fica sabendo que suas assistentes do berçário tricotam durante as horas de trabalho? Um diretor administrativo é capaz de compreender que tricotar é uma maneira particularmente hábil e inteligente de trabalhar?

- Se perguntarmos a essa assistente sobre o fato de ela tricotar durante o trabalho, ela não será capaz de explicar precisamente o que está fazendo. Pois as artimanhas do ofício são inventadas a partir do corpo, são praticadas a partir do corpo e não é fácil se dar conta desses saber-fazer incorporados. É que precisamente a inteligência do trabalho precede a capacidade que temos de simbolizá-la, de formalizá-la, justificá-la, de explicitá-la e transmiti-la.

- Por fim, é fácil perceber que esse gênero de saber-fazer permanece à sombra, discreto, até mesmo na clandestinidade, porque não sendo passível de explicações consistentes, os operadores preferem escondê-lo. São práticas fora da norma, dos procedimentos prescritos, passam mesmo por transgressões capazes de motivar punições. O artigo de Sabine Fortino ilustra com precisão um problema encontrado pelos funcionários de empresas de distribuição de energia diante de clientes impossibilitados de pagar as faturas de gás e de eletricidade em decorrência de seu estado de pobreza. A relação de serviço aqui é muito difícil de ser regulada, pela dificuldade em compatibilizar as ordens provenientes da hierarquia e as exigências morais próprias dos funcionários, que se recusam a cortar o fornecimento de energia a famílias nesse estado de profunda precariedade. As astúcias da inteligência empregadas por esses funcionários para evitar os cortes apresentam grande eficácia na proteção das famílias desassistidas, astúcias estas com as quais a empresa fica obrigada, no fim das contas, a compactuar de alguma maneira.[4]

Desempenhos e competências

A precedência do desempenho sobre a competência

No saber-fazer do caso do tricotar – assim como em numerosos outros casos similares que eu poderia comentar, como o da descoberta do uso do jogo de palavras cruzadas pelos operadores em salas de controle das indústrias de processamento da petroquímica, ou como a condução do processo de produção de iogurte na França, na Alemanha e no México, estudada por Klaus Düll –,[5] o desenvolvimento da habilidade e dos "*tacit skills*"[g] sempre antecede. É apenas *a posteriori*, depois de ter obtido sucesso em um desempenho ainda inédito que, em certos casos, é possível reconstituir o caminho percorrido entre o evento e o modo operatório eficaz. Assim, foi possível a um piloto reconstituir os gestos que ele já havia feito para ultrapassar a barreira do som sem que seu aparelho sofresse as avarias, até então inevitáveis nesse tipo de operação: depois de ter acelerado ele inverteu todos os comandos para desacelerar momentos antes de ultrapassar a barreira do som.

O desempenho antecede, a competência sucede. Isso explica porque toda a psicologia que se pratica há vinte anos sobre a avaliação das competências é teoricamente falsa. O portfólio de competências não permite predizer se um técnico competente será capaz de ser um bom técnico em uma situação inédita. Por

4 Sabine Fortino. "La mise à distance des pauvres. Gestion de la précarité, ef-facement de la subjectivité et résistances". In: Danielle Linhart (org.), *Pourquoi travaillons-nous?*. Ramonville Saint-Agne: Érès, 2008.

5 Klaus Düll. *De la conception d'un atelier flexible*. Munique: Institut für Sozialwissenschaftliche Forschung e.v., 1995.

exemplo: de um cirurgião, julgado de grande competência na França, não se pode absolutamente prever se ele será tão bom na África, num hospital mal equipado. Ele pode mesmo se revelar contraproducente e atrapalhar o serviço dos demais. Se ele alcançar um bom desempenho na África, constatado esse desempenho no *a posteriori*, poder-se-á então falar de sua competência na medicina humanitária. Nunca antes! Toda e qualquer competência encontra-se indissociavelmente e vinculada ao contexto de sua realização. As competências não são regularmente transponíveis de um contexto para outro.

Aquisição das competências e perseverança

Para gozar desse poder extraordinário do corpo de intuir soluções ante ao real do trabalho, é necessária – afora tudo o que já foi dito sobre a sensibilidade corporal – uma qualidade suplementar: a perseverança. Com frequência a habilidade técnica, aos *tacit skills*, as habilidades tácitas sobrevêm apenas após uma longa luta contra a resistência do real. Não apenas são necessários no mais das vezes anos de experiência até adquirir uma familiaridade com o objeto do trabalho, como ainda é preciso mobilizar uma extraordinária obstinação ante o fracasso. O fracasso, os becos sem saída, as soluções não reprodutíveis, o inesperado, as derrotas ante as forças do real são parte integrante do trabalho.

A inteligência da prática é obtida mediante um esforço obstinado que mobiliza toda a subjetividade, ultrapassando-a mesmo. As dificuldades que encontramos em nosso trabalho, nós as carregamos para fora do ambiente profissional. Ficamos irritadiços, descontentes, cansados e descontamos os reveses em nossos familiares: o cônjuge, os filhos. Isso pode ir muito longe. Para conseguir continuar e voltar à tarefa, é muitas vezes preciso que a esposa dê seu apoio moral ao marido, que se tornou intragável e de convivência muito difícil. A cooperação do espaço doméstico é muitas vezes mais importante do que se possa imaginar para o sucesso da inteligência no trabalho.

Ademais, ocorre mesmo que, devido ao insucesso dos resultados, eu não consiga dormir. Tenho insônias, sonho, são pesadelos sobre o meu trabalho. Pois bem, isso também é parte integrante do trabalho! É impossível demonstrar que é necessário sonhar com o seu trabalho para tornar-se hábil, adquirir destreza. Incorporar a matéria de seu trabalho, isso implica ser por ele tomado até mesmo em sonho. E é graças a todo esse trabalho interno que se obtém essa familiaridade com a tarefa. O trabalho do sonho é a parte interna do remanejamento da personalidade que impõem os constrangimentos e o real do trabalho àquele que apresenta esta qualidade: a obstinação em prosseguir ante o insucesso. Encontrar soluções, inventar novos caminhos, isso passa por uma transformação de si, profunda. O trabalho não cessa no ateliê, na fábrica ou no hospital. Ele coloniza toda a subjetividade.

Para este processo proponho o termo de *"subversão poiética"*. Desta maneira, desejo sublinhar como o trabalho – enquanto fonte de enigmas a ser traduzidos – pode inscrever-se na neogênese do corpo erótico e da sexualidade. Essa "subversão poiética" em prol da subjetividade deve ser confrontada com outra subversão: a "subversão libidinal" da ordem biológica em prol da ordem erótica, tema a ser abordado no capítulo 4.

O reconhecimento do real

Permanece um problema capital: o da capacidade de tolerar em si a experiência diante o real, de sua resistência diante da maestria, e do controle. Psicologicamente, não é fácil. Muitos não suportam o confronto contínuo com o fracasso. Capitulam, desistem, abandonam . Não é fácil porque, em muitas situações de trabalho, é necessário expor-se ao olhar dos outros, e ao seu próprio olhar, como capaz ou não de exercer e demonstrar plena autoridade sobre as tarefas profissionais a ser executadas. Para muitos, reconhecer uma situação de fracasso é humilhante. E aquele que opõe uma negação ao real não tem qualquer possibilidade de acesso à inteligência zelosa. Deverá permanecer, para sempre, um fracassado.

É notório que os homens toleram menos do que as mulheres essa experiência do real. A negação está em numerosas situações de trabalho muito virilizadas, no âmago das estratégias coletivas de defesa contra o sofrimento diante da relação com o real. Torna-se tentador refutar a responsabilidade do fracasso, transferindo-a aos outros. As mulheres, ao contrário, notadamente as enfermeiras, reconhecem mais o sofrimento decorrente da confrontação com o real. As razões dessa diferença entre homens e mulheres foram estudadas de modo bastante preciso.[6] As situações vivenciadas pelos anestesistas motivaram as pesquisas sobre o tema. Tradicionalmente, os cirurgiões organizam-se de modo a destacar seu ofício como viril e de prestígio, no qual força, habilidade, potência, autoridade e domínio são evidenciados. Quando um paciente foi traumatizado pela brutalidade da intervenção, é raro o cirurgião reconhecer sua responsabilidade. É sempre culpa do anestesista. Cabe a este compensar as perdas de sangue, restabelecer a pressão arterial, sedar o paciente apesar de sua insuficiência cardiorrespiratória. Cabe ao anestesista acordá-lo, evitar os incidentes metabólicos, administrar o estresse biológico etc. O anestesista não pode deixar de reconhecer a resistência do real. Quando uma cirurgia difícil foi bem sucedida, é reconhecido o gênio do cirurgião; quando um paciente sucumbe, é culpa do anestesista.

---

6 6 Pascale Molinier. L'énigme de la femme active. Égoïsme, sexe et compassion. Coleção "Petite Bibliothèque Payot". Paris: Payot, 2006.

Homens e mulheres diante do real

Há, indiscutivelmente, um enorme problema de postura psicológica e profissional diante do real e da questão incontornável do fracasso.

Ora, as mulheres, por causa da dominação dos homens, encontram-se com frequência confrontadas com a injustiça. Tomemos o exemplo do tato da enfermeira ou da instrumentadora. No decorrer de uma cirurgia longa, ela observa quando o cirurgião começa a demonstrar cansaço, a transpirar, quando o suor goteja sobre sua fronte, quando ele procede a várias hemostasias sem sucesso, quando seus gestos deixam de ser precisos, entre tantas outras situações.

De repente, a instrumentadora abandona o seu lugar, umidifica uma compressa, coloca-se atrás do cirurgião e, delicadamente, aplica-a sobre suas têmporas. Com certeza trata-se, antes de tudo, de um gesto técnico para evitar que o suor caia sobre o ventre aberto do paciente. Mas é ainda um gesto de afeição, de apoio, de cuidado, de atenção. Um gesto de encorajamento, muitas vezes, responsável por um importante revigoramento do cirurgião.[7]

Veja só! Esse gesto, que provavelmente será de grande eficácia, não pode tornar-se visível. Não pode ser reconhecido como um saber-fazer profissional, como prova de destreza. Por quê? Porque se a profissional dissesse depois da cirurgia: "o senhor prestou atenção no meu tato?" , ela arruinaria o valor dessa sua competência transformando-a em observação inoportuna em relação ao cirurgião.

Não é diferente no que diz respeito à disponibilidade, à atenção, à presteza, à compaixão, ao envolvimento etc.

---

7 Pascale Molinier. "Travail et compassion dans le monde hospitalier". In: Les Cahiers du Genre, "La relation de service: Regards croisés", n. 28, 2000.

Em suma: não se percebe esses saber-fazer senão quando não ocorrem, justamente por sua ausência. A arrumação da casa só é vista quando não foi feita ou foi mal feita. É a razão de se nomear esses saber-fazer como "saber-fazer discretos". É como se ocorressem por magia, graças ao "dom encantado de si".[8] Não se pode reconhecê-los como saber-fazer técnicos ou profissionais. Ora, essas tarefas discretas são destinadas às mulheres em razão da dominação do mundo do trabalho pelos homens, salvo no caso dos anestesistas, embora estes assumam a posição de "mulheres" dos cirurgiões.

A injustiça em relação ao reconhecimento do zelo e da inteligência no trabalho é – deve-se admiti-lo – pior para as mulheres do que para os homens.

Os obstáculos ao reconhecimento da métis

Para além dessa diferença de gênero, contudo, o que sobressai da inteligência do corpo, desses saber-fazer informais, das artimanhas próprias a cada ofício e à engenhosidade é sua negação por parte da hierarquia, em especial pelos gestores. Por quê? Uma das razões já foi mencionada e diz respeito aos saber-fazer discretos que devem permanecer discretos para serem eficazes. Outra razão é que esses saber-fazer são, no mais das vezes, astúcias e supõem alguma infração ao regulamento, a exemplo de fazer tricô durante as horas de trabalho. As pessoas os escondem. Mas a principal razão é que se a inteligência em causa é fundamentalmente subjetiva, afetiva e corporal, ela é, ao mesmo tempo, *invisível*. A sensibilidade, a familiaridade com a matéria, que demandam até mesmo o trabalho do sonho, não pertencem ao mundo visível. Tudo o que é afetivo e subjetivo não pertence ao mundo visível. O que se sente no interior

8 Josiane Pinto. "Une relation enchantée: La secrétaire et son patron". In: Actes de la Recherche en Sciences Sociales, n. 84, 1990.

de si não se vê. Nunca se viu uma dor de dente, não se veem os sentimentos, não se pode ver o sonho do outro, o amor não é visto, ele é, sim, "experimentado de olhos fechados".

Ora, não se pode mensurar, não se pode avaliar quantitativamente, não se pode fornecer a prova objetiva pela experimentação senão do que pertence ao mundo do visível ou do que pode se tornar visível.

Nesse nível, aparece um problema maior: não se pode mensurar o trabalho com objetividade. Mensura-se, certamente, mas o que se mede é o resultado do trabalho, nunca o trabalho em si. Ora, não há qualquer proporcionalidade entre o visível e o invisível, entre o resultado da produção e o trabalho vivo necessário para a obtenção desse resultado. Por exemplo: o pesquisador é alguém que fracassa o tempo todo. Os resultados não têm qualquer proporcionalidade com o trabalho e com os sofrimentos subjetivos que ocorrem antes de o produto final ser alcançado.

A questão da avaliação

Como é possível avaliar o trabalho se o trabalho é subjetivo? Há uma única via possível que é a do reconhecimento pelos pares. Apenas o profissional que conhece o ofício por dentro – porque ele o pratica como eu próprio o pratico – pode compreender a habilidade e a engenhosidade de meu trabalho. Mas este reconhecimento é rigorosamente qualitativo. Ele é exclusivamente direcionado à qualidade de meu trabalho e passa pelo julgamento: julgamento qualificado como fundamento de beleza por ser sempre enunciado com termos relativos a ela. Diz-se: "Eis um belo trabalho". "Uma bela obra". Ou ainda: "Trata-se de uma demonstração elegante". "Uma bela experiência". Esse julgamento de beleza pressupõe duas dimensões essenciais:

- a conformidade com as regras da arte;
- a simplicidade da feitura e o caráter despojado das soluções propostas.

Não se trata de negar a importância da organização do trabalho e das prescrições. A métis só se revela plenamente em um jogo sutil de subversão das prescrições. Mas as prescrições são indispensáveis, caso contrário toda a dinâmica da inteligência astuciosa ficaria paralisada.

Da mesma maneira, não se pode negar o interesse da avaliação quantitativa e da mensuração dos desempenhos. Sabe-se que, isoladamente, elas são falsas e injustas. A medida quantitativa só se torna útil se constantemente confrontada com a avaliação qualitativa, isto é, cotejada com o reconhecimento dos pares.

Se há uma importante perda de rumo nos métodos de avaliação no mundo do trabalho – em especial no trabalho médico-sanitário – é porque os gestores não levam em consideração o trabalho real. Acreditam que medem o trabalho, mas só o fazem em relação ao que é visível. A situação torna-se trágica com a evolução dos modos de produzir contemporâneos porque, cada vez mais, a produção em nossos países torna-se uma produção de bens imateriais, particularmente em relação ao que chamamos de atividades de serviço, onde a relação com o cliente é central. Ora, essa relação é uma grandeza imaterial que não pode ser mensurada quantitativamente. Assim, as diversas maneiras de medir e de quantificar o trabalho estão em uma relação cada vez mais duvidosa ao ser confrontadas com o real.

Essas avaliações, falsas, são responsáveis por inúmeras catástrofes. Esperemos que ao reabilitar a métis e ao estabelecer cientificamente as implicações do conceito de real do trabalho, sejamos capazes de inventar – a métis assim o exige – novos métodos de avaliação apoiados no trabalho real, e não sobre indicadores pouco confiáveis que desconsideram aquilo que é realmente essencial no trabalho. Esses indicadores são a base para as avaliações propugnadas hoje pelas ciências da gestão.

Notas do tradutor

a Operação padrão, *grève du zèle* (greve do zelo) no original. Será mantido, nas demais situações, o termo zelo, tanto no sentido de atenção especial (empenho, preocupação), como no sentido propriamente afetivo (cuidado, dedicação).

b *Bibendum,* personagem publicitário, originário da expressão latina *nunc est bibendum* (está na hora de beber). Sua caracterização mais conhecida é a do boneco da fábrica de pneus Michelin.

c *Por último mas não menos importante,* em inglês no original.

d No original, "*Faire corps avec...*", no sentido de dois corpos se unirem solidariamente para formar um conjunto orgânico, estando realmente juntos.

e Designaremos a topologia freudiana do *Ich, Überich* e *Es* como Eu, Super-Eu e Id. Essa topologia foi objeto de discussão envolvente pelos dois tradutores contemporâneos de Freud no Brasil. Cf. Paulo César de Souza. In: *Sigmund Freud. Obras completas*, vol. 16. São Paulo: Companhia das Letras, 2011, nota da página 36; idem, vol. 18, São Paulo, Companhia das Letras, 2010, nota da página 213; Luiz Alberto Hanns. *Obras psicológicas de Sigmund Freud. Escritos sobre a psicologia do inconsciente*, vol. 3. Rio de Janeiro: Imago, 2007, nota da página "Comentários do editor brasileiro", pp. 20-25.

f Neologismo formado pela fusão das palavras "corpo" e "apropriação": "*corpspropriation*" no original.

g "Habilidades tácitas", baseadas mais na habilidade pessoal do que no conhecimento transmitido. Em inglês no original.

2. O trabalho entre corpo e alma[1]

Chegamos, aqui, a uma encruzilhada entre teoria do trabalho, teoria do corpo e teoria da pulsão. Por que a teoria da pulsão está sendo convocada, uma vez que, até o presente, ela foi bem pouco mencionada? Porque colocamos em evidência, por intermédio do trabalho, o lugar fundamental que ocupa o corpo subjetivo e o que há de genial na inteligência quando esta entra em confronto com a resistência do real. Esses poderes do corpo, se ainda não sabemos onde são obtidos, sabemos contudo, e de maneira categórica, que o corpo sobre o qual procuramos identificar essa energia não é o corpo objetivo, do qual biólogos se esforçam em desvendar os mecanismos.[2] É importante, em um primeiro momento, dedicar uma atenção toda especial à psicanálise, isso para realizar o exame do que pode a metapsicologia freudiana trazer como esclarecimentos sobre o corpo.

---

1 Este texto está baseado no artigo "Le travail entre corps et âme". In: *Libres Cahiers pour la Psychanalyse*, n. 15. La pulsion et le destin. Press Éditions, primavera 2007, pp. 115-128.

2 Isabelle Gernet. "Corps et subjectivité". In: *L'évolution Psyquiatrique*, n. 72, 2007.

Não se trata, aqui, de proceder a uma leitura exaustiva da teoria psicanalítica do corpo. Por ora ficaremos em uma análise bastante pontual sobre um texto que todos tendem a considerar[3] como a principal referência sobre as relações entre o corpo e o funcionamento psíquico (que Freud designa pela expressão "funcionamento anímico"), a saber: "Pulsões e destinos das pulsões" (1915).[a] Observaremos, assim, como Freud pensa o corpo. Faremos ainda uma descoberta paradoxal em relação às nossas expectativas, pois Freud é reticente à ideia de uma teoria do corpo, mas, em contrapartida, esse texto constitui uma fonte extraordinária para compreender o lugar que ele atribui ao trabalho. Ali onde buscávamos o corpo será, em realidade, o trabalho que descobriremos!

Essa leitura freudiana do texto ocupará, em relação ao objetivo mesmo do presente livro, um lugar determinante. A pulsão é, na teoria psicanalítica, o conceito destinado a se considerar / valorizar a sexualidade humana. Trata-se nem mais nem menos da abordagem do confronto entre a antropologia psicanalítica, que afirma a "*centralidade do sexual*" no funcionamento psíquico, e a antropologia do trabalho que sustenta, por sua vez, a tese da "*centralidade do trabalho*" diante da identidade, da saúde mental e da subjetividade.

Esse confronto torna-se necessário precisamente em razão do "*paradoxo da dupla centralidade*".

Em última instância, é de se observar que sexualidade e trabalho não são dois conceitos antagônicos, longe disso! Ao cabo desta análise será possível admitir que a contradição entre psicanálise (metapsicologia da pulsão) e psicodinâmica do trabalho (teoria do trabalho vivo) estará na essência, superada. Ao partir de uma questão sobre o que o pensamento e a inteligência devem à experiência do corpo, descobriremos, do lado da psicanálise (e não apenas do

3 Cf., em especial, a obra de Teresa De Lauretis, *Freud's drive: Psychoanalysis, literature and film*. Londres: Palgrave/MacMillan, 2008.

lado da psicodinâmica do trabalho), a centralidade do trabalho. A contradição teórica, mesmo que ela possa, de direito, ser considerada como resolvida, deixa uma pendência: o preço dessa congruência entre sexualidade e trabalho, que aparece em Freud, é pago com a simples exclusão do corpo fora da teoria freudiana.

Entre metapsicologia freudiana e teoria do trabalho vivo aparece uma lacuna sobre a qual será necessário, nos próximos capítulos, determo-nos para o seu exame e para a observação de suas implicações e vias a ser exploradas para o restabelecimento do corpo em sua plenitude, naquilo que realmente lhe cabe de direito.

Por enquanto, passaremos ao exame das relações entre pulsão sexual e trabalho. Dada a importância, já assinalada, dessa encruzilhada teórica, este capítulo é ao mesmo tempo técnico e austero. É dirigido aos leitores especialistas na teoria psicanalítica e, mais especificamente, na metapsicologia freudiana. É, no entanto, possível dar sequência à leitura do livro sem passar pelo detalhamento desta etapa metapsicológica, desde que se conheça a sua conclusão.

Epistemologia da pulsão

> *Se [...] abordamos pela perspectiva biológica o exame da vida da alma, a pulsão aparece-nos como um conceito-limite entre anímico e somático (169).*[4]

Essa passagem é considerada como a chave para a leitura da perspectiva de Freud sobre as relações entre a alma e o corpo. Não se sabe ao certo se se deve considerar essa chave como

---

4 A paginação indicada entre parênteses remete ao estudo "Pulsions et destins de pulsions". In: Sigmund Freud. *Œuvres completes*, tomo XIII. Paris: Presses Universitaires de France, 2005 [1915], pp. 163-187.[b]

resposta ou como indagação, uma vez que o traço comum que une os dois termos de "conceito" e de "limite" levanta algumas dificuldades. Deve-se compreender que a pulsão estabelece um limite entre a alma e o corpo? Mas um limite é antes estabelecido para separar e não para reunir dois territórios. Ele deve, na sequência, servir a regular a passagem entre ambos. Não se observa em qualquer momento da obra de Freud o que poderia apoiar essa função separatória aqui outorgada à pulsão entre dois sistemas, duas instâncias ou ainda dois campos tópicos. A pulsão não é um limite, é antes um conceito-limite. É o que sugere o preâmbulo epistemológico que precisa que, sobre a pulsão, o tratamento será como de um "conceito fundamental convencional". Se se trata realmente de um limite, então ele não será entre dois territórios ou entre duas substâncias – a alma e o corpo –, mas entre dois *conceitos*: o anímico e o somático.

Contudo, a pulsão não é apenas um conceito, é também um *ser*: "representante" psíquico. "A pulsão aparece-nos como [...] representante psíquico dos estímulos oriundos do interior do corpo e que atingem a alma" (169). Aqui Freud emprega claramente os termos "corpo" e "alma", e o representante psíquico está investido do mesmo estatuto ontológico que esses dois últimos. A pulsão, ademais, é um ser psíquico e não físico, e ela tem por incumbência representar na alma o que, do corpo, é capaz de chegar até ela. "A pulsão aparece-nos [...] como uma medida[5] da exigência de trabalho imposta ao anímico por sua correlação com o corpóreo" (169). Este último termo – trabalho – é finalmente aquele que causa maior estranheza nessa definição sugerida por Freud e que, na verdade, foi o menos comentado.

5 A aparição do termo "medida" (*Mass*) é um tanto insólita. Um pouco adiante, Freud precisa: "A soma de força ou a medida de exigência de trabalho" (169), o que sugere que o termo "medida" possa ser entendido como "quantidade" (em verdade, menos mensurável do que incomensurável, donde o estranho efeito produzido pela aparição do termo nesse contexto).

Como entender a introdução da ação mais regulada e controlada entre todas – o trabalho –, no cerne mesmo da ação geradora da mais profunda desordem na vida da alma: a pulsão? A contradição entre os dois termos é flagrante. Essa definição da pulsão – de três estágios – permite a Freud passar do nível do corpo ao do trabalho. Tudo bem! Mas o que é o corpo para Freud? E o que é o trabalho?

Corpo e trabalho não são conceitos reconhecidos na metapsicologia freudiana. Ou, mais precisamente: Freud não propõe uma teoria específica para o corpo ou para o trabalho.

Mesmo que em número não muito expressivo, alguns autores esforçaram-se para construir uma teoria do corpo (Groddeck, Schilder, Dolto, Pankow, Anzieu etc.). Quanto ao trabalho, é matéria de um campo quase inexplorado pelos psicanalistas. Supondo-se que se reconheça no trabalho um estatuto realmente metapsicológico, como entender as relações entre o corpo e o trabalho? A aproximação entre os dois termos operada pela definição de Freud é apenas o resultado de um efeito ótico sem qualquer valor ou é revestida de um significado preciso, merecedor de esclarecimentos? A discussão poderia perpassar toda a obra de Freud, até perdermos de vista o que nos parece essencial: por que, nessa definição da pulsão em três estágios, o trabalho está situado no topo. E qual é mesmo esse corpo que está posicionado na base?

O corpo da pulsão

Que Freud faça apelo à biologia não é algo de particularmente espantoso: "Seria desejável que pudéssemos tomar de empréstimo essas hipóteses de outro campo [a biologia], transportando-as em seguida para a psicologia" (172), mas isso não é suficiente para elucidar a concepção proposta por Freud sobre o corpo. Partir da biologia, para Freud, é partir da fisiologia do sistema nervoso e, mais precisamente, dos conceitos de estímulos e de esquemas reflexos (estímulos - resposta motora), ou seja, do funcionamento da motricidade reflexa. Esta não era a única escolha possível, pois numerosas são as regulações muito mais complexas do arco reflexo então conhecidas de seus contemporâneos. O corpo, nesse texto de Freud, seria antes de tudo constituído por estímulos e excitações, de uma parte, e seu escoamento por uma ação motriz, de outra. E quando observa a especificidade da pulsão em suas relações com o corpo, ele o faz sob a perspectiva de uma forma específica de estímulo cujas características são:

- a *constância* ("a pulsão [...] não atua jamais como força momentânea de impacto, mas sempre como força constante" (p. 168));
- a localização *interna*;
- a "*irredutibilidade* por meio das ações de fuga" (p. 168);
- o *princípio* (ou a "tendência" (p. 168)) no sistema nervoso que consiste em trazer os estímulos a um nível tão baixo quanto possível, associado ao princípio de prazer (p. 168), o que permite regular automaticamente o nível dos estímulos para se assegurar de seu domínio.

Ao se referir à fonte – uma das quatro características da pulsão –, Freud escreve: "Por fonte da pulsão entende-se o processo somático em um órgão ou em uma parte do corpo". E então precisa este ponto importante:

> *O estudo das fontes pulsionais já não pertence à psicologia; embora o elemento mais categórico e decisivo para a pulsão seja sua procedência somática, a pulsão pode apenas revelar-se na vida da alma por meio de suas metas (170).*

Se realmente há uma fronteira, um limite entre os conceitos de somático e de anímico, esse limite é replicado no âmbito mesmo da teoria pulsional e passa então a divisar *a fonte e a meta*: a fonte pertence ao corpo, a meta à alma.

A autoconservação é o último termo que vem conotar a concepção do corpo apresentada por Freud nesse artigo, de sorte que, em uma primeira aproximação, o corpo fica claramente situado no campo da biologia.

Encontraremos o *corpo* citado explicitamente em um registro completamente diferente: o corpo próprio como *objeto*, pertencente ao narcisismo, de um lado; o *órgão* em causa nos autoerotismos, de outro. Na discussão das relações entre o amor e a pulsão, que encerra o artigo, o corpo observado não é mais o corpo biológico, *stricto sensu*. Esse segundo estatuto atribuído ao corpo, contudo, não é explicitado por Freud. Pode-se mesmo dizer que os elementos que permitiriam precisar suas características foram por ele ocultados, se considerarmos o que escrevera anteriormente nos "*Três ensaios sobre a teoria da sexualidade*", quando, pela primeira vez, introduziu o conceito de pulsão. A saber: que o órgão como fonte ou, mais frequentemente, como objeto da pulsão, em 1905, não é o órgão no sentido *biológico* do termo, mas a *zona erógena*, o que, convenhamos, é outra coisa.

Entre a função e a pulsão havia, em 1905, a zona erógena e seu apoio. Já no texto de 1915, o apoio só é evocado uma única vez (p. 173), assim como expressão "zona erógena" simplesmente não aparece. Tudo se passa no texto de 1915, como se o modelo de toda pulsão fosse, no final das contas, aquele da pulsão de autoconservação. A discussão sobre o estatuto do corpo pode ser indefinidamente prolongada ao se aprofundar e comparar o texto de 1905, por um lado, com o texto sobre o narcisismo – "Introdução ao narcisismo", de 1914 –, por outro.

Neste primeiro estágio da definição da pulsão – segundo o qual esta última "aparece-nos como conceito-limite entre o anímico e o somático" – é legítimo concluir que, com o conceito de somático, o que Freud tem em vista é o *corpo biológico* e nada além dele. A "fonte" da pulsão, neste texto, situa-se na instância do corpo biológico, reside em suas "necessidades" (p. 167) e não nas zonas erógenas.

Se esse texto sobre o conceito de pulsão é mesmo o que expressa mais claramente (por preterição que seja) o ponto de vista de Freud sobre as relações entre o corpo e a alma, é de se constatar que não há a menor abertura para uma teoria específica ou para uma metapsicologia do corpo. A posição epistemológica de Freud se resume na fórmula já citada: "O estudo das fontes pulsionais já não pertence à psicologia" (p. 170), acrescido de "um conhecimento mais exato das fontes pulsionais não é estritamente necessário para os fins da investigação psicológica" (p. 170).

Se esta análise do espírito do texto de 1915 estiver de fato correta, então é necessário admitir que as teorizações sobre o corpo ulteriormente inspiradas tanto por Schilder como por Pankow ou Anzieu devem ser consideradas como heterodoxas em relação à metapsicologia de Freud.

A representância[c]

Admitir que o corpo, para Freud, não parece conter um estatuto propriamente metapsicológico não significa que não haja corpo na teoria freudiana. Pelo contrário! Mas o corpo como objeto de investigação, de pesquisa ou de conceituação não é da competência da psicanálise, e sim participa do campo soberano da biologia.

O domínio da psicanálise começa apenas a partir da função de representância atribuída à pulsão, representância no domínio psíquico daquilo que é produzido no corpo. Pode-se mesmo dizer da pulsão que ela desempenharia um papel de embaixadora do corpo junto à alma. Mas a língua originária da embaixadora – a língua do corpo – ficaria dispensada. É à outra língua – a língua da alma – que são atribuídas todas as honrarias. Daí a radicalidade da fórmula empregada por Freud para formar o segundo estágio da definição da pulsão "como a representante psíquica dos estímulos provenientes do interior do corpo e que chegam à alma" (p. 169).

Exigência e progresso

O terceiro estágio da definição que caracteriza a pulsão como medida da exigência de trabalho remete mais especificamente ao que Freud designa pela primeira vez nesse texto como "*pressão*". "Por pressão compreende-se o seu elemento motor [a pulsão], a soma de força ou a medida de exigência de trabalho que ele representa". O termo "exigência" aparece três vezes, no decorrer do texto, nesta acepção de demanda imperativa:

> *O estímulo pulsional não provém do mundo exterior, e sim do interior do próprio organismo. Por isso [...] atua de modo diferenciado sobre o anímico e* exige, *para ser descarregado, outras ações (p. 166).*
>
> *Os estímulos pulsionais que surgem no interior do organismo não podem ser descarregados por esse mecanismo (o movimento muscular permitindo a retração). Eles submetem assim o sistema nervoso a* exigências *muito mais elevadas, induzem-no a atividades complexas [...] e sobretudo obrigam-no a renunciar à sua intenção ideal de manter à distância os estímulos (p. 168).*

Encontramos, por fim, a conclusão na nota de rodapé da página 182:

> *As pulsões sexuais, que, desde o princípio,* exigem *um objeto, e as necessidades das pulsões do Eu, impossível de satisfazer autoeroticamente, perturbam naturalmente esse estado [de satisfação autoerótica] e preparam os progressos posteriores.*[d]

As exigências mencionadas são vinculadas por Freud a um processo que ele designa ora pelo termo de *progresso*, ora por *desenvolvimento*. "Podemos então concluir, então, que são elas, as pulsões, e não os estímulos externos, os autênticos motores do progresso" (p. 168). Essa questão do progresso – ou do desenvolvimento – é, por fim, decisiva na caracterização da pulsão. O desenvolvimento e o progresso dependem da pulsão e não de um determinismo natural ou a estímulos externos. O desenvolvimento é ditado por "pressões" internas que pertencem à esfera das pulsões.

A pergunta inevitável é, certamente, sobre o beneficiário do progresso. Mesmo que várias formulações se sucedam no texto, as primeiras apontam para o desenvolvimento do sistema nervoso, e mesmo da substância viva (p. 168), que cedem claramente o lugar ao aparelho anímico (p. 168) e, posteriormente, ao Eu (p. 182).

São, portanto, o aparelho anímico em seu conjunto e o Eu, em particular, que se beneficiam de um desenvolvimento graças às pulsões.

O trabalho

O que, na realidade, torna precisa a definição de Freud, é o fato de o desenvolvimento do tema ser realizado pelo viés de um *trabalho*. Pode-se pensar que o termo "trabalho" não deveria ser tomado ao pé da letra, uma vez que a "pressão" remeteria de antemão – e fundamentalmente – a uma dimensão econômica. Seria então necessário entender a "medida" da exigência de trabalho, em um sentido puramente quantitativo, com a conotação dada ao termo na física, ou seja, de um equivalente energético. Mas, se assim fosse, Freud teria podido empregar um termo mais adequado como *Leistung*, no lugar de *Arbeit*.

Na verdade, o trabalho não é considerado por Freud como grandeza energética. Mas ele não pode, tampouco, ser reduzido a uma ação, como poderiam sugerir numerosas referências neste texto sobre a motricidade e a ação. Pois ele teria então se referido à exigência da ação imposta ao anímico. Manifestamente, o trabalho engloba aqui tanto a ação como o pensamento. É, então, sob sua forma mais complexa e mais refinada que se deve entender o termo "trabalho" proposto na definição de Freud. Por essa razão e pelo que se segue no decorrer do texto – em particular quando será tratado o tema da origem do amor e do ódio –, teremos desse trabalho uma descrição precisa, sendo assim mais razoável admitir que o termo alemão escolhido aponte essencialmente para a dimensão *qualitativa* do trabalho: *Arbeit*. O mesmo termo empregado nessa acepção qualitativa está presente em inúmeras formas que constelam a metapsicologia: *Traumarbeit*, *Trauerarbeit*, *Kulturarbeit*, *Verdrängungsarbeit*, *Verdichtungsarbeit*, *Durcharbeitung*, *Bearbeitung*, *Verarbeitung*, *Aufarbeitung*, *Ausarbeitung*, *Reproduktionsarbeit*, *Erinnerungsarbeit*, *Nacharbeiten*, *nachträglich erarbeiten*...

Todas essas fórmulas – que caracterizam o trabalho – estão potencialmente contidas no termo chave de "exigência de trabalho" (*Arbeitsanforderung*). E, se desenvolvimento psíquico há, sob o efeito da pressão pulsional esse desenvolvimento é decorrente de um trabalho cuja forma primeira é, sem sombra de dúvida, a elaboração: *Erarbeitung*.

Os destinos de pulsões descritos na sequência do artigo não constituem as diferentes modalidades do trabalho em pauta. Esses destinos são antes o resultado do trabalho efetuado pelo Eu sobre as pulsões, em razão mesmo da exigência do trabalho que, advindo dessas pulsões, aplica-se sobre ele. E Freud especifica que nem tudo na pulsão está voltado a servir ao "desenvolvimento" pelo viés do trabalho, pois as mencionadas pulsões podem também encontrar satisfações diretas, o que subtrai ao trabalho de progresso uma quantidade proporcional de força. Essa ideia está expressa na nota de rodapé da página 182: as "necessidades prementes, satisfeitas por ajuda exterior, estariam com isso afastadas do desenvolvimento". Mas é sabido que, de qualquer maneira, as pulsões não podem encontrar plena satisfação, em decorrência mesmo da "pressão" interna e constante que lhe é inerente, por um lado em razão da "irredutibilidade dessa força por ações de fuga", por outro.

Excitação, satisfação

Aparece aqui uma primeira contradição entre o que, da pulsão, tira proveito de uma satisfação direta ou imediata e o que, pelo fato mesmo da irredutibilidade da força, se transmuta em exigência de trabalho.

Mas há uma segunda contradição, que é teoricamente mais difícil de ser explicitada. Se o modelo das pulsões de autoconservação advoga em prol de uma vetorização da pulsão no sentido de uma satisfação da necessidade, sabe-se que as pulsões sexuais foram claramente distinguidas por Freud das pulsões de conservação, porque aquelas não respondem ao mesmo tropismo que essas. A sexualidade não teria como se recobrar na busca de uma perda de estímulos, respondendo ao único princípio do prazer, ou ao princípio da constância, ou mesmo ao princípio de Nirvana. A pulsão está sempre retesada por sua pressão. E se "seu objetivo é sempre a satisfação", resta saber quem a pulsão procura satisfazer. Seria o objeto que deveria ser por ela recompensado um presente ou seria o sujeito a ser aliviado de sua tensão?

Freud afirma que a pulsão tem seu nascedouro em uma zona erógena ou em um órgão. Mas o órgão-sujeito da pulsão, mesmo no âmbito de uma trajetória autoerótica, exigiria uma satisfação sob a forma de uma redução da excitação? Não é certo. Freud percebe e hesita:

> *De um ponto de vista amplo, podemos dizer sobre elas [as pulsões] que exercem suas atividades autoeroticamente, ou seja, que seu objeto se extingue em prol do órgão que serve de fonte e coincide, geralmente, com este. O objeto da pulsão de olhar, mesmo se inicialmente envolve uma parte específica do corpo, não é o olho em si (p. 179).*[e]

O olho não sente prazer no ato de olhar. Seria um absurdo dizer que um olho experimenta alguma satisfação ou algum alívio ao olhar órgãos sexuais, por exemplo, ou ainda, *a fortiori*, ao olhar-se para si próprio.

Alhures, Freud especifica que amor e ódio não são termos utilizáveis para caracterizar as relações das pulsões com seus objetos. Assim como uma pulsão não ama e não pensa, não se pode dizer de uma pulsão que ela goze. É o Eu que é o destinatário da demanda de satisfação transportada na pulsão: "A palavra 'amar' se aproxima cada vez mais da esfera de pura relação de prazer do Eu com o objeto" (184).

Ora, ao reintroduzir o Eu no circuito da pulsão, complica-se singularmente a dinâmica pulsional. O Eu, realmente, não experimenta qualquer satisfação ao não sentir, sobre si, qualquer excitação ou qualquer estímulo. As pulsões orientam bem mais em direção à procura de um aumento da excitação do que em direção à sua extinção.[6]

O estado de excitação pode, seguramente, ser fonte de tormento, ser mesmo de dor, mas pode também ser buscado por ser ainda o princípio do prazer sexual, como no masoquismo, por exemplo, ou pelo viés da coexcitação sexual, ou diretamente:

> *Naturalmente se goza, em ambos os casos [posição sádica e posição masoquista], não a dor em si, mas a excitação sexual que a acompanha (p. 176). (Aqui Freud não emprega o termo* Reiz, *mas* Erregung: Sexualerregung*).*

E Freud afirma:

> *A sensação de desprazer está relacionada ao aumento de estímulos [excitação], e à sensação de prazer ao decréscimo desses. Devemos assegurar-nos a preservação cuidadosa dessa hipótese em suas linhas gerais, até que nos seja dado intuir a natureza da relação entre prazer - desprazer e as flutuações das grandezas de estímulos que atuam na vida anímica. Com certeza é possível assegurar que essas relações são muito variadas e nada simples (169).*[f]

---

6 A dificuldade da tradução francesa – realizada sob a supervisão de Jean Laplanche – consiste precisamente no fato de não se tratar de excitação (exceto na página 176). O termo é substituído por "estímulo". A expressão "estado de excitação" é substituída por "estado de estímulo" (p. 169) e encontramos ainda outras expressões como "fonte de estímulo (p. 168)", "ações de estímulo" (167 e 168), para traduzir as variações possíveis de Freud sobre termo alemão Reiz.

Importa que as pulsões se apresentem sobretudo por seu poder de aumentar a excitação (ou os estímulos) e de gerar simultaneamente o prazer, produzindo ainda, e por isso mesmo, desordem no aparelho anímico – ou no Eu – logo ameaçado pela pulsão que se manifesta como vacilação ou desestabilização.

Excitação versus *trabalho*

"A exigência de trabalho imposta ao anímico" instala, ao se apresentar no seio mesmo da pulsão, um princípio que se caracteriza por estar no sentido oposto ao da excitação, ou seja, no sentido de "manter-se verdadeiramente livre dos estímulos" (pp. 168-169); ou, em outras palavras, livre da ligação.

Como pode a pulsão ser simultaneamente princípio da excitação e princípio de seu domínio; simultaneamente princípio de desagregação e princípio de ligação? Essa mesma dificuldade está presente na oposição entre o "Sexual"[g] e o Eros que atravessa toda a metapsicologia a partir da segunda teoria das pulsões de 1920.

É possível perguntar-se se o paradoxo da "pressão" da pulsão, entre ligação e desagregação, não poderia encontrar justamente uma solução pelo viés dessa ideia de trabalho que Freud introduziu na definição de pulsão. Ao retornar à questão inicial das relações entre o corpo e a alma, seria possível agora compreender que, entre o somático e o psíquico, a relação seria especificamente uma relação de trabalho. A alma não seria de origem transcendente, como o é para Descartes; não seria tampouco uma réplica do funcionamento biológico como o estipula o paralelismo. Ambas as versões descartam qualquer trabalho. Seria antes necessário conceber o desenvolvimento da alma, ou melhor, do aparelho anímico, como resultado de uma produção do corpo.

A ideia de uma gênese da alma graças a um trabalho produzido pelo corpo já estava presente – antes de Freud – em Diderot e sobretudo em Cabanis: "o cérebro secreta o pensamento como o fígado a bílis".[7] Com a diferença de que, por um lado, a alma não é redutível ao pensamento (Freud designa por anímico não apenas a atividade do pensamento , mas também o aparelho do pensar), e por outro lado, o corpo não é redutível ao cérebro (a erogeneidade – assim como as pulsões – diz respeito ao corpo como um todo).

Assim, nesta perspectiva, o trabalho seria uma modalidade fundamental pela qual se estabeleceria o elo ou a relação entre o corporal e o anímico. Ou seja: a "correlação" (*Zusammenhang*) entre o somático e o psíquico seria, em sua própria essência, da esfera de um trabalho.

Do trabalho à pulsatilidade

É possível definir, com alguma precisão, a natureza desse trabalho? Na relação entre o corpo e a alma, a pulsão agiria inicialmente como geradora de excitação, cujo aumento provocado por seu poder de *desagregação* – ou mesmo de desestabilização – exigiria em contrapartida um trabalho, efetuado pelo Eu sob o efeito da mencionada pressão em contínuo movimento. Esse trabalho consiste em *rearranjar as ligações* até então estabelecidas entre os traços mnésicos. Trata-se de um trabalho de rearranjo do Eu a suceder, em um segundo momento, à sua desestabilização sob o efeito da pressão pulsional. A pulsão age assim em dois tempos: desagregação em um primeiro momento, ligação em seguida; gozo inicialmente, rearranjo em seguida; prazer da desestabilização

7 Pierre-Jean-Georges Cabanis. *Rapport du physique et du moral de l'homme.* Paris: Crapart, Caille et Ravier Libraires, An X, 1802.

inicialmente, prazer do progresso ou do desenvolvimento (engrandecimento do Eu) na sequência.

Dois regimes de funcionamento, em suma, estabelecendo uma rítmica, mesmo uma pulsatilidade, na esfera do Eu sob o efeito da corrente contínua da "força constante" (p. 167).

Ao se admitir uma solução teórica desse tipo, passa a ser então possível voltar para a concepção implícita em Freud das relações entre o corpo e a alma. A alma seria essencialmente o resultado de uma transformação da excitação proveniente do interior do corpo pelo viés de um *trabalho* cuja forma típica seria a elaboração.

Não seria a alma que produziria a elaboração da excitação vinda do corpo, mas a própria elaboração que produziria a alma. A elaboração da excitação (o trabalho) seria inicial e contribuiria para o progresso da alma. Assim, nessa concepção, a pulsão seria, em seu princípio, uma exigência de trabalho, um poder de elaboração potencial, cujos destinos poderiam ser contrariados. No entanto, sem que pudessem ser privados dessa qualidade primeira de manifestar-se como trabalho.

Nessa leitura bastante próxima – palavra por palavra – da definição freudiana, a pulsão, contrariamente ao entendimento mais corriqueiro, seria menos um princípio quantitativo relativo à excitação (ou ao estímulo) e a suas variações *quantitativas*, do que propriamente um princípio *qualitativo* extremamente refinado, cujo modelo seria de uma capacidade de trabalho a ser entendida como capacidade de elaboração. Ou, para dizê-lo de maneira metafórica: a pulsão, sob esse prisma, não deveria ser considerada como o combustível de um motor a ser representado pela alma. Ao contrário, seria necessário considerar a pulsão como o próprio motor de si mesma, a alma sendo representada pelo movimento de progresso ou de desenvolvimento possibilitado por esse motor.

A metáfora não é elegante, com certeza. Mas foi muito utilizada por psicólogos e linguistas preocupados em afirmar o primado da cognição sobre a conação.[8]

A teoria freudiana da pulsão se inscreveria em uma linha bem diferente da do cognitivismo e das derivações que ele induz em alguns psicanalistas ao se preocuparem demasiadamente com questões que dizem respeito ao desenvolvimento da criança. O conceito de pulsão pleitearia antes uma leitura radicalizada do *conatus* de Spinoza.[9] "Perseverar no ser" não seria um mero princípio de mobilização, ou ainda de motivação, mesmo sob a elegante figura, tão apreciada, do desejo. A definição da pulsão situa o trabalho no centro. O *conatus* seria então um perseverar que conviria entender, sobretudo como a manifestação de uma exigência de trabalho.

Ao cabo desta análise, não se pode fugir de algumas considerações sobre o estatuto do termo "trabalho". O trabalho, no sentido freudiano de exigência de trabalho imposta ao psiquismo (*Arbeitsanforderung*), pode efetivamente ser diferenciado do trabalho no sentido das ciências econômicas e sociais, ou seja, do trabalho de produção (*poiesis*). A *poiesis* é o trabalho de produção como ação dos indivíduos sobre o mundo com vistas à sua transformação. Vimos, no capítulo precedente – ao tratar da engenhosidade –, que a qualidade do trabalho repousa sobre o engajamento completo da subjetividade. Estamos agora aptos para precisar em que consiste esse engajamento: o real do trabalho faz-se conhecer como experiência afetiva – a do fracasso, como dissemos. Mas esse fracasso, no trabalhador envolvido em sua tarefa, converte-se em enigma e em fonte de excitação que exige dele uma tradução.

Observaremos, ao cabo deste primeiro tomo, que a tradução da provação do real do trabalho depara, em sua trajetória,

8 Massimo Pieattelli-Palmarini (org). *Théorie du langage et théorie de l'apprentissage. Le débat entre Jean Piaget et Noam Chomsky*. Paris: Seuil, 1979.

9 Baruch Spinoza. *Éthique* [1677], Livro III, proposições 4-8.

com uma nova resistência. Essa segunda resistência não advém do exterior (da resistência do mundo), mas do interior. A invenção da solução a permitir ao sujeito sobrepujar o obstáculo que o mundo contrapõe a sua maestria converte-se em exigência de trabalho, agora entendida como exigência de um trabalho psíquico interno de "desenvolvimento" de "progresso", diria Freud, de remanejamento da arquitetura psíquica e corporal. É ao preço desse trabalho (*Arbeit*) que nascem as habilidades profissionais, e elas não podem nascer sem essa transformação de si, cuja *presistência* diante da experiência do fracasso é efetivamente o que há de engenhoso.

Em outros termos, o que sugere a leitura de "Pulsões e destinos das pulsões" é que:

- o "trabalhar" (*poiesis*) adquire seu sentido inventivo a partir do instante em que sucede de um segundo trabalho de si sobre si (*Arbeit*);
- trabalhar não é apenas produzir, é ainda transformar-se a si próprio.

Notas do tradutor

a Em francês, o texto mencionado de Freud ("*Trieb und Triebschicksale*". *Gesammelte Werke*, vol. 10, pp. 210-232) é denominado "*Pulsions et destins de pulsions*"; na versão traduzida por Hanns, "Pulsões e destinos de pulsão"; na de Souza, "Os instintos e seus destinos". Obedeceremos aqui à tradução oferecida em francês por Laplanche, sempre referenciada com as traduções disponíveis nas distintas edições brasileiras, pois há diferenças sensíveis entre elas.

Em A teoria pulsional na clínica de Freud (Rio de Janeiro: Imago, 1999), Luiz Alberto Hanns detém-se, com minúcia, na análise do termo "Trieb" em Freud e de suas possíveis traduções, essa "[...] posição de uma psique que se situa entre a biologia e a cultura que Freud irá sempre tratar" (idem, p. 42) para a qual optará preferencialmente pelo termo "pulsão", como na presente tradução. Contudo, Paulo César de Souza, responsável pela nova tradução das obras completas de Freud, cujos primeiros volumes foram lançados em 2010 pela Companhia das Letras, em *As palavras de Freud – O vocabulário freudiano e suas versões* (São Paulo: Companhia das Letras, 2010) expressa sua admiração pelo trabalho linguístico sobre Freud realizado por Hanns em seu *Dicionário comentado do alemão de Freud* (Rio de Janeiro: Imago, 1996), embora lamente que Hanns não tenha traduzido como ele (Souza) "Trieb" exclusivamente por "instinto".

b Após as indicações entre parênteses do autor, apresentamos um referencial para as edições brasileiras do conjunto da obra citada de Freud. A tradução apresentada no corpo do texto será a da versão francesa das obras de Freud, edição dirigida por Laplanche. Algumas poderão ser acompanhadas da transcrição das traduções disponíveis para o leitor brasileiro, como este primeiro excerto de Freud citado por Dejours.

"*Se* abordarmos agora a vida psíquica do ponto de vista biológico, a 'pulsão' nos aparecerá como um conceito-limite entre o psíquico e o somático", (in "Pulsões e destinos da pulsão", *Obras psicológicas de Sigmund Freud. Escritos sobre a psicologia do inconsciente*, vol. 1, Rio de Janeiro: Imago, 2004, p. 148, tradução coordenada por Luiz Alberto Hanns).

"*Voltando-nos* agora para a consideração da vida psíquica do ângulo da biologia, o 'instinto' nos aparece como um conceito-limite entre o somático e o psíquico", ("Os instintos e seus destinos". in: *Sigmund Freud, Obras completas*, vol. 12, São Paulo: Companhia das Letras, 2010, p. 57, tradução Paulo César de Souza).

c *Représentance* – em vez de *représentation* – no original. Em nota, Hanns sublinha as diferenças sutis constantes entre os termos alemães *Repräsentant* e *Repräsentanz*, sem equivalentes nas línguas latinas. O primeiro indica "estar no lugar de", "substituir", "com delegação para representar" e é o escolhido pelo neologismo "représentance", que dá o título à presente seção do livro, pois é o termo empregado por Freud. Já *Repräsentanz* é a outra forma de "representação", a maneira como, por exemplo, um mapa pode representar uma região, uma figura representar um objeto. Cf. *Obras psicológicas de Sigmund Freud. Escritos sobre a psicologia do inconsciente*, vol. 1, op. cit., p. 144, pp. 165-166, nota 20.

Cf., ainda, Felipe Ziotti Narita, "Notas sobre o problema da 'representância' em Paul Ricoeur". In: *Espaço Acadêmico*, Ano XI, n. 125, out 2011.

d Esses excertos encontram-se nas páginas 146-147 e 158, para a edição "Pulsões e destinos da pulsão", in *Obras psicológicas de Sigmund Freud. Escritos sobre a psicologia do inconsciente*, vol. 1, op. cit.; e páginas 54-56 e 74, para a edição "Os instintos e seus destinos". in: *Sigmund Freud, Obras completas*, Vol. 12, op. cit.

e "Todavia, podemos genericamente dizer que as atividades desses componentes são *autoeróticas*, isto é, que o aspecto mais importante é o órgão do qual emanam, sua fonte, e que o objeto é o elemento de menor importância, e quase sempre coincide com o próprio órgão. Entretanto, no caso da pulsão de olhar, cabe mencionar que, embora o objeto também seja, no início, uma parte do próprio corpo, ele não é o olho em si". In: "Pulsões e destinos da pulsão". *Obras psicológicas de Sigmund Freud. Escritos sobre a psicologia do inconsciente*, vol. 1, op. cit., p. 156.

f "[...] Nesse sentido, a sensação de desprazer está sem dúvida relacionada com o aumento dos estímulos, assim como a sensação de prazer se relaciona com uma redução desses. Mas, por ora, iremos manter esta hipótese em sua generalidade, até que mais adiante nos seja possível enunciar de modo mais preciso como o prazer - desprazer se relaciona com as oscilações das magnitudes de estímulos que agem sobre a vida psíquica. Com certeza essas relações são extremamente variadas e nada simples" (in: "Pulsões e destinos da pulsão". *Obras psicológicas de Sigmund Freud. Escritos sobre a psicologia do inconsciente*, vol. 1, op. cit., p. 148).

g O neologismo "sexual", em francês, proposto por Laplanche, em substituição ao termo clássico "sexuel", dá uma dimensão ampliada da sexualidade empreendida por esse autor e retomada por Dejours. Será grafado em caixa alta e entre aspas – "Sexual".

3. Inteligência e teoria do corpo pensante

Da análise do texto freudiano, sobressai que Freud não vislumbra uma teoria específica do corpo. A metapsicologia, segundo o seu fundador, começa com os fenômenos estritamente psíquicos – ou anímicos – com base na pulsão e, mais precisamente, no que se situa para além da "fonte pulsional". Essa última pertence ao corpo e não à alma. A que corpo? Ao corpo biológico – ou orgânico – e a nada além desse corpo, o das grandes funções orgânicas, das regulações biológicas e dos instintos (ou montagens comportamentais inatas). Há uma biologia do corpo, mas não há uma metapsicologia do corpo elaborada por Freud. O corpo pertence ao fisiologista, e o psicanalista não tem competência na investigação ou no conhecimento do corpo.

Contudo, ao darmos continuidade à investigação reclamada pela teoria da mente e do corpo do trabalho vivo, é preciso esclarecer a quididade desse corpo que está no princípio da experiência do mundo, da subjetivação do mundo ou, melhor ainda, do que Michel Henry se refere como "corpopriação do mundo".[a]

Já que a teoria da pulsão não oferece um acesso direto a uma metapsicologia do corpo, voltamo-nos para a abordagem da gênese do pensamento, a partir do corpo, proposta, pela primeira vez pelo filósofo francês Maine de Biran; uma teoria completa do advento de uma ideia com base em uma experiência do corpo; uma teoria da "ideação" ou, para retomar o termo que seria consagrado pelos filósofos do segundo Iluminismo: uma "ideologia".

Aproximar Maine de Biran e Freud, como!? O projeto pode parecer absurdo. Freud não tinha conhecimento das controvérsias do início do século XIX, quando houve um acirrado debate sobre o tema entre filósofos e médicos por toda a Europa. O foco desses debates, as preocupações estavam voltadas para a questão das relações entre o físico e a moral no homem (Cabanis, Pinel, Royer-Collard, Destutt de Tracy, Stahl, Locke, Condillac, Bichat etc.). Essa temática, que Freud a examinaria três quartos de século depois. Em muitos aspectos, a teoria do corpo formulada por Maine de Biran e a teoria do funcionamento psíquico de Freud poderiam ser consideradas complementares. Mas a articulação simples entre as duas teorias não é possível. Quais são as congruências e as incompatibilidades?

Para tentar responder a essa questão, vamos de início propor uma breve apresentação da teoria do corpo desenvolvida por Maine de Biran ou, mais precisamente, da teoria do engendramento do pensamento e do Eu com base no biológico, que o filósofo designa pelos termos "corpo orgânico" ou "corpo sensível".

Maine de Biran e a teoria do corpo pensante

Psicologia e filosofia primordial

Para Maine de Biran, a filosofia primordial – ou filosofia dos princípios – é em essência uma "ciência dos fenômenos do espírito humano". Trata-se, assim, de uma psicologia. O filósofo está em busca de uma ciência do entendimento, de uma teoria da inteligência, de uma análise do que está no princípio da ideação, isto é, da faculdade de gerar ideias: "ciência das faculdades próprias ao sujeito pensante".[1] Não é exatamente uma ciência de utilização prática de tais faculdades, não é uma ciência dos objetos dessas faculdades (o que seria mais específico ao campo da psicologia experimental, que se centra na análise modular das atividades inteligentes), mas "uma ciência própria das faculdades ou das operações primeiras da inteligência".[2] Trata-se de "voltar à origem dessas faculdades que fundamentam" o sujeito como sujeito pensante.[3] Se a análise das ideias e das sensações pode ser situada sob a denominação de ideologia, seria também necessário reconhecer uma ideologia que poderia ser chamada de *subjetiva* – muito distante da objetiva –, à qual se dedicam grande quantidade de cientistas e filósofos. A primeira refere-se fundamentalmente ao *sujeito*, a outra à matéria ou ao objeto do pensamento. Apenas a primeira – a ideologia subjetiva –, "merece o título de ciência dos princípios".[4]

O fato primitivo

No fundamento dessa psicologia, Maine de Biran introduz o que designa sob o nome de "fato primitivo" e que tem o estatuto de uma verdade subjetiva primeira e indubitável. Em que consiste esse fato primitivo? É o conhecimento imediato e certo que o Eu adquire durante a produção de um "esforço desejado".[5] O esforço em questão tem origem na *vontade*.

1 Maine de Biran. *De l'aperception immédiate. Mémoire de Berlin 1807*. In: idem, Œuvres, tomo IV. Paris: Vrin, 1995 [1807], p. 8.[b]
2 Maine de Biran. *De l'aperception immédiate. Mémoire de Berlin 1807*, op. cit.
3 Idem, p. 9.
4 Ibidem, p. 10.
5 Bruce Bégout. *Maine de Biran, la vie intérieure*. Coleção "Petite Bibliothèque Payot". Paris: Payot, 1995, p. 47.

> *O esforço desejado e imediatamente percebido [pelo sujeito] constitui expressamente a individualidade, o Eu ou o fato primitivo do sentido íntimo.*[6]
>
> *Este sentido íntimo é o sentido do esforço, cuja causa ou força produtiva torna-se Eu pela única razão da distinção que se estabelece entre o sujeito deste esforço livre e a realização que resiste imediatamente por sua própria inércia.*
>
> *O fato primitivo designa [...] esta relação evidente e necessária entre um esforço motriz originário do Eu e uma resistência orgânica ou externa.*[7]
>
> *O fato primitivo surge no momento de uma resistência.*

A resistência *orgânica* é a resistência do órgão, qual seja, a resistência do músculo, a inércia deste que se opõe ao movimento voluntário. A resistência *externa* pode ser a resistência que contrapõe um objeto do mundo material ao movimento voluntário. Pelo fato mesmo de o movimento voluntário sempre encontrar resistência, ele exige a realização de um esforço. E é essa força de resistência que permite o reconhecimento da origem egoica do querer pelo sujeito.

> *Apenas a presença do obstáculo torna possível a apercepção da força requerida. Sentir o esforço e realizar o esforço são um só. O esforço é simultaneamente um fazer e uma constatação.*

---

6 Maine de Biran. *Essai sur les fondements de la psichologie.* In: idem, *Œuvres*, tomo VII, vol. 2. Paris: Vrin, 2001 [1812], p. 8, apud Bruce Bégout. *Maine de Biran, la vie intérieure*, op. cit., p. 54.

7 Maine de Biran. *Essai sur les fondements de la psichologie*, op. cit., p. 47.

O esforço é assim um querer, por causa da resistência que se opõe ao movimento voluntário, e também é esse esforço que leva o corpo a se revelar para si, a tornar-se presente para si próprio. O esforço é ainda um meio de sentir, de se sentir a si próprio. É o meio pelo qual o sujeito se revela a si mesmo. É portanto um "esforço sensível", que está no princípio do "sentido íntimo" de si, o que leva o sujeito a se descobrir a si próprio: É através do esforço que a "apercepção imediata" de si próprio torna-se possível. A apercepção é um "sentir-se a si próprio" pelo qual o Eu advém.

> *Chamarei de apercepção toda impressão na qual o Eu pode reconhecer-se como causa produtiva, distinguindo-se do efeito sensível que sua ação determina.*[8]

A vontade (enquanto ela se concretiza em um esforço, em um "eu posso" fundamental) aparece como a propriedade essencial e constituinte do Eu, fundamento que testemunha um *segundo nascimento*, o de uma pessoa (que se diferencia assim do primeiro nascimento, o do corpo orgânico ou do corpo biológico que não tem consciência de si).[9] Com o fato primitivo do esforço sensível, Maine de Biran instala toda a psicologia sobre uma teoria do corpo.

Apercepção do corpo e formação da individualidade

O que inicialmente foi identificado como fato primitivo – ou como princípio para o fundamento da subjetivação do corporal – é posteriormente aplicado para revelar a conquista do corpo, este corpo que é meu, deste corpo que é o Eu e, para além da

8 Idem, p. 206.

9 Bruce Bégout. *Maine de Biran, la vie intérieure*, op. cit., p. 179.

individualidade, por um processo de apropriação que é a extensão do esforço sensível:

> *A criança grita inicialmente por instinto, e não creio que se possa dizer que, desde o seu nascimento [o primeiro nascimento], ela perceba e queira os movimentos vocais, seus gemidos; mas passado algum tempo, pode-se reconhecer que ela transforma os seus gritos instintivos em sinais voluntários, que ela já utiliza para que se acorra em seu socorro; a partir de então, ela deu um salto, venceu um bom caminho. Mas como isso foi possível se as manifestações claras do instinto dominaram e forçaram sempre, como no princípio [ou seja, na origem], o movimento vocal e se não havia, na sequência, progressos rápidos da vida, condições ou circunstâncias particulares da produção mesmo dos movimentos aos quais pudessem se vincular o primeiro sentimento do poder e, em seguida, do esforço, ou o querer primitivo?*[10]

Com esse excerto de Maine de Biran, pode-se cotejar uma passagem do texto de Freud datado de 1931, "Sobre a sexualidade feminina":[c]

> *A relação entre atividade e passividade merece aqui um especial interesse de nossa parte. É fácil observar que em cada domínio da experiência de vida anímica, e não apenas no da sexualidade, uma impressão recebida passivamente pela criança suscita a tendência a uma reação ativa. Ela tenta fazer ela mesma o que antes havia sido feito sobre ela ou com ela. Trata-se*

10 Maine de Biran. *De l'aperception immédiate. Mémoire de Berlin*, op. cit., p. 179.

> *de uma parte do trabalho de domínio sobre o mundo exterior que lhe é imposto, e isso pode mesmo levar a que ela se esforce na repetição dessas impressões que teria todos os motivos em evitar, dado o seu conteúdo doloroso. Até mesmo o jogo das crianças é posto a serviço desta perspectiva: completar uma experiência vivenciada passivamente por uma conduta ativa e, por assim dizer anulando-a desta maneira.*[11]

Da apercepção pelo esforço à formação do pensamento

É também a partir desse movimento que Maine de Biran detecta o nascimento do pensamento, ou melhor, da inteligência ou, como ele mesmo diz, dessa *protoideação* que constitui a "reflexão":

> *Enquanto o órgão vocal está também em relação simpática [em outros termos, simultaneamente sintônica e sincrônica] com as afeições do instinto, essas funções são estranhas às percepções da audição e, na sequência, a todo desenvolvimento intelectual. As crianças nascidas surdas-mudas, assim como as demais, gemem, gritam, proferem a interjeição do prazer ou da dor; mas, longe desses sinais instintivos, há os que são apropriadamente enunciados segundo os ditames da vontade, e que integrarão, posteriormente, a linguagem das ideias.*

Na obra de Maine de Biran,

11 Sigmund Freud. "De la sexualité féminine". In: idem, *Œuvres complètes*, tomo XIX. Paris: Presses Universitaires de France, 2004, pp. 20-21.[d]

> *essa passagem tão importante, e tão pouco observada, começa a ser vencida a partir do momento em que a criança transforma os gritos interjectivos em sinais de protesto. Ela torna-se aí uma pessoa individual e é dotada de uma intenção, de uma vontade que se expressa e se manifesta exteriormente. Começa então a imitar-se a si própria, ou seja, a repetir voluntariamente os sons que o órgão vocal produzira inicialmente por impulsão do instinto sensitivo e, na sequência, por um esforço da motricidade espontânea [quer dizer voluntária]. Ela dispõe da percepção da audição como do esforço e dos movimentos vocais; ela é ou se sente causa de suas percepções, como é ou se sente causa de seus movimentos. A atividade que produz imediatamente os primeiros se reflete nos demais; o indivíduo que emite o som e se ouve tem a percepção redobrada de sua atividade. Na livre repetição dos atos que sua vontade determina, tem a consciência do poder que as executa, percebe a causa no seu efeito e o efeito na causa: tem o sentimento distinto dos dois termos dessa relação fundamental, em uma única palavra, reflexiva. [...] Ela reflete pelo simples fato de emitir ou articular sons voluntários.*[12]

Na sequência desse encadeamento, a "reflexão" primeira aqui tratada leva à atividade intelectual propriamente dita, de maneira que pensar é sempre pensar o seu corpo, pensar a partir do que é oferecido à inteligência pelo viés de uma apercepção (sistema aperceptivo intelectual).[13] Mais: para poder pensar, é necessário inicialmente aperceber o fenômeno, ou seja, passar por uma apreensão

12 Maine de Biran. *Essai sur les fondements de la psichologie*, op. cit., vol. 2, pp. 371-372.

13 Maine de Biran. *De l'aperception immédiate. Mémoire de Berlin*, op. cit., pp. 175ss.

consciente, implicando o exercício do sentido íntimo. O pensamento, segundo Maine de Biran, é pensamento cujo desenvolvimento e complexificação, por sutis que sejam, começam sempre por um pensamento subjetivo: é uma pensamento que passa pelo corpo e implica o corpo. Pois, no caso de se distinguir um Eu, não se deve omitir que o Eu é tão só o que torna o corpo presente para si mesmo. O Eu é um Eu-corpo. O Eu é o corpo pensante.

Fato primitivo e epistemologia

As incidências epistemológicas dessa descoberta do fato primitivo do sentido íntimo, contido no esforço, são consideráveis. A epistemologia convencional é efetivamente construída sobre a recusa reiterada de que o pensamento, sobretudo o mais erudito, nada deve à subjetividade e ao corpo. É possível considerar a importância da contribuição de Maine de Biran à epistemologia a partir de sua crítica ao princípio de causalidade em física. Se participa do coro de seus contemporâneos para recusar a causalidade em física em prol da evidência das leis; ele mostra que o princípio da causalidade é apenas uma antropomorfização do mundo objetivo pela introdução indevida de uma noção que só tem pertinência no campo da consciência e do Eu (a causalidade eficiente, associada à ação voluntária motriz que se apresenta certa e indubitavelmente como dado imediato da experiência subjetiva). "O Eu no esforço é *causa sui*. Sente-se causa, sabe-se causa. O que é uma causa? Em verdade, uma coisa tal que não existe uma causa." E acrescenta Bégout: "Só existe *o fato de ser causa*. O emprego do termo *causa* só é justificado em sua referência a uma ação proveniente do Eu".[14]

Mas, para além dessa crítica ao princípio de causalidade, as incidências da filosofia dos princípios sobre a epistemologia são significativas. Pois, ao reintegrar e ao reabilitar a dimensão subjetiva e

14 Bruce Bégout. *Maine de Biran, la vie intérieure*, op. cit., p. 84.

corpórea própria à ideação (a ideologia subjetiva), Maine de Biran levanta a questão das condições e da possibilidade – subjetivas – de todo o conhecimento. Nisto, a epistemologia biraniana é também uma antropologia. E, realmente, Maine de Biran está mesmo em busca de uma "ciência do homem" fundada no fato primitivo, que seria a condição *sine qua non* de todo encaminhamento científico e, por conseguinte, de todo o conhecimento.

A recusa dessa via empreendida por Maine de Biran, da qual Michel Henry tirou as consequências filosóficas, particularmente em *La barbarie*,[15] não pode ser aqui discutida em detalhe.

Apercepção imediata e apercepção mediata

A apercepção imediata é aquela que resulta da oposição do esforço a um "termo resistente" que se situa *no próprio corpo*, ou seja, no corpo orgânico. Aquém do que ela abre como via para a formação do pensamento, a apercepção imediata – já o vimos – é como o corpo é apropriado pelo sujeito e torna-se, de alguma maneira, um corpo propriamente subjetivo, distinto do corpo animal que lhe é preexistente (ou ainda orgânico ou biológico),[16] o que permite a constituição, em suma, do segundo corpo:

> *Esses movimentos são então espontâneos e apercebidos ou aperceptíveis neste estado [o estado do recém-nascido]. Logo eles são desejados e transformados pela própria criança em sinais voluntários que ela emprega para pedir por socorro. Eis o primeiro passo do homem, duplex in humanitate, o primeiro sinal da*

15 Michel Henry. *La barbarie*. Paris: Grasset, 1986.

16 Cf. Maine de Biran. *Essai sur les fondements de la psichologie*, op. cit., vol. 1, pp. 139-151; cf., ainda, idem. *De l'aperception immédiate. Mémoire de Berlin*, op. cit., pp. 124-135.

> *personalidade nascente*[17] *["Homo simplex in vitalitate duplex in humanitate"*[18] *é um aforismo frequentemente referenciado por Maine de Biran para designar os dois corpos: o corpo orgânico, de uma parte, o corpo no sentido íntimo, de outra].*

O que se destaca nas preocupações de Maine de Biran é o esforço que se contrapõe à parte do corpo *resistente* que pertence ao corpo fisiológico. Ele evoca muito rapidamente a apercepção imediata, aquela que se oferece ao Eu por meio de uma resistência ao esforço, oposta por um obstáculo do mundo objetivo. Por quê? Maine de Biran se interessa efetivamente pela ciência dos princípios. Procura identificar o princípio da ideação, da formação do corpo subjetivo e do Eu. E ele captou essa formação naquilo que ela tem de mais primordial: a resistência do próprio corpo. No entanto, há também outra modalidade de apercepção, isso quando a vontade do esforço opõe-se à resistência da matéria. Ora, não é certo que o que se revela então na apercepção da resistência de uma madeira, de um metal ou de uma pedra seja apropriável pelo Eu sem a mediação da madeira, do metal ou da pedra. Biran tocava harpa e demonstrava grande conhecimento e talento com o instrumento, como testemunha o seu "Jornal".[19] Contudo, ele não desenvolve o tema no sentido do que se poderia esperar de um tal registro da sensibilidade e da subjetividade na teoria que ele modela com base na ideação e na inteligência. Ele se atém a uma discussão, por sinal digna de nota, "da apercepção *interna* mediata, como ela se fundamenta sobre o exercício ativo da audição e da

---

17 Maine de Biran. *Essai sur les fondements de la psichologie*, op. cit., vol. 1, pp. 136-137.

18 Herman Boerhaave. *Praelectiones acadamicae de morbis nervorum*, Tomo 2, Leyden, 1761, pp. 496-497.

19 Maine de Biran. *Journal*. Neûchatel: Éditions de la Baconnière, 1954-1955.

voz, em particular".[20] Mas não há desenvolvimento específico sobre a apercepção externa mediata.

Ao se apoiar na teoria da apercepção imediata e do sentido íntimo de Maine de Biran, Michel Henry desenvolve uma teoria do trabalho como apercepção mediata externa e mostra que o trabalho participa da revelação da subjetividade, e mesmo de seu desenvolvimento.

A clínica do trabalho, por sua vez, atesta, como tentei mostrar no capítulo dedicado à inteligência do corpo no trabalhar (capítulo primeiro), que o engajamento da subjetividade na confrontação com a resistência do real (termo material externo que se opõe ao esforço) pode fazer advir novos registros de sensibilidade que não estavam presentes no Eu antes da experiência do real e da perseverança no esforço em face da resistência do real e do sofrimento decorrente.

O trabalho bem poderia, nesta perspectiva, permitir uma ampliação da subjetividade no sentido de que esses novos registros de sensibilidade pelos quais a sensibilidade se revela a si mesma são, pelo menos em parte, inacessíveis, salvo mediante o trabalho propriamente dito e pela experiência inédita a que ele pode dar acesso.

Esse ponto preciso que a clínica do trabalho põe a lume é de grande relevância para observar a dimensão do poder extraordinário do trabalho em relação à subjetividade. O desenvolvimento do corpo subjetivo pelo exercício do trabalho é efetivamente a fonte de prazer que, então, não seria acessível não fosse a mediação do trabalho. As incidências antropológicas da apercepção mediata externa são evidentemente essenciais do ponto de vista psicológico, mas elas o são ainda do ponto de vista filosófico. Nelas se percebe de fato que a ampliação dos registros de sensibilidade do corpo

---

20 Maine de Biran. *De l'aperception immédiate. Mémoire de Berlin*, op. cit., pp. 164-172.

pelo trabalho exerce efeitos retroativos sobre o desenvolvimento do corpo vivido, ou ainda do corpo erógeno, a ponto de a sensualidade do corpo poder então ser ainda aprimorada.

Tanto é assim que o trabalho oferece realmente uma via original e insubstituível ao desenvolvimento da subjetividade, é necessário, então, reconhecer o poder do trabalho até mesmo para o advento da vida em si.

Que esse potencial do trabalho seja ao final tributário do poder seminal desse corpo evidenciado por Maine de Biran mostra que a matéria e o mundo objetivo de nada serviriam à vida sem o corpo. Mas a apropriação do mundo pelo viés do trabalho – do trabalho vivo –, mesmo que este nada possa fazer além de multiplicar essas formas primitivas da autoafeição da vida por ela própria, constitui uma mediação amplificadora que a subjetividade pode apreender – e procura certamente apreender – desde que esteja em busca de ampliação e crescimento.

Será necessário considerar o potencial que o trabalho oferece à subjetividade para discutir a teoria da sublimação. É a partir desse ponto preciso que a teoria freudiana da sublimação deveria ser retomada e até precisada, procurando encaixar uma teoria rigorosa do trabalho, que falta na obra Freud. A começar por um primeiro nível, por uma teoria do trabalho como "atividade subjetivante" para captar as relações entre sexualidade, corpo, sublimação e trabalho; na sequência, um segundo nível, por uma teoria do trabalho como *praxis* para captar as relações entre sexualidade, cooperação, sublimação e cultura.

Notas do tradutor

a Cf. nota *f* do tradutor no capítulo primeiro, p. 56.

b Há uma edição para o grande público, estabelecida por Anne Devarieux, desta obra específica: Maine de Biran. *De l'apperception immédiate*. Coleção "Classiques de Poche". Paris: Le Livre de Poche, 2005.

c Sigmund Freud, "Sobre a sexualidade feminina". In: *Sigmund Freud. Obras completas*, vol. 18, São Paulo: Companhia das Letras, 2010, pp. 371-398 (Gesammelte Werke, vol. 14, pp. 517-537).

d Idem, p. 387.

4. Rumo a uma metapsicologia do corpo

Uma metapsicologia do corpo é necessária, já o vimos, para podermos desenvolver uma teoria do trabalho vivo e da inteligência no trabalho. Mas essa metapsicologia é importante também por outras razões que não podemos deixar de considerar – mesmo que, à primeira vista, tais argumentos possam parecer um tanto distantes do tema central – para a realização de um projeto fundador de uma antropologia do trabalho.

O fato de Freud não ter desejado explorar as consequências da teoria sexual sobre a teoria do corpo deve-se às circunstâncias de ele ter colhido as pulsões sexuais com base nas pulsões de autoconservação, delimitando assim o campo da psicanálise com fronteiras que a separavam do corpo. Para certo número de seus seguidores, contudo, nem sempre foi possível prescindir de uma teoria psicanalítica do corpo.[1] Vários foram os autores que estenderam o campo de investigação e do tratamento psicanalítico para além da neurose: *borderline*, psicose, psicossomática.

---

1 Cf. Isabelle Gernet & Christophe Dejours. "La psychosomatique, entre croyance et argumentation". In: *Psychiatrie Française*, n. 37, 2006.

Em contrário àquilo que poderíamos crer, essas preocupações relativas à psicopatologia de casos graves não estão tão distantes daquelas relacionadas a uma antropologia do trabalho. Pois se a inteligência do corpo está no princípio da engenhosidade, também está, *a contrario*, em um certo número de inabilidades, incapacidades, imperícias, incompetências e inaptidões para o trabalho. Algumas falhas na formação do segundo corpo – o corpo erótico – estão relacionadas falta de intuição e de engenhosidade (tema a ser retomado adiante). Por fim – e se trata também de uma das dimensões particularmente importantes da relação entre subjetividade e trabalho –, algumas imperícias crônicas testemunham paresias do corpo erógeno. Quando o engajamento em determinada tarefa é objeto de uma determinação obstinada e inflexível, e ainda que essa obstinação – associada à resistência ao sofrimento – esteja presente no trabalho e pela confrontação à resistência do real, ocorre que após grandes esforços e um trabalho psíquico significativo (perlaboração pelo sonho), novas habilidades são pouco a pouco adquiridas. Em geral, essas novas aquisições testemunham uma elevação dos poderes do corpo e da conquista de novos registros de sensibilidade e expressividade, que favorecem realização de si mesmo (sublimação). Voltaremos a esse tema no capítulo 8.

Filosofia dos princípios e psicanálise: Maine de Biran e Freud

Assim, Freud não propõe, em realidade, uma teoria do corpo. Seu itinerário científico não passa diretamente pela análise das relações entre o corpo e a alma; e a psicossomática, em particular, não integra o seu programa de pesquisa, mesmo que, entre 1887 e 1900, alguns de seus escritos possam ser considerados como precursores dessa referida psicossomática, notadamente inúmeras passagens encontradas em sua correspondência com Fliess.

Mais do que as relações entre o *corpo e a alma*, seu interesse concentra-se na análise das relações entre o *cérebro e o pensamento* (em especial no "Projeto para uma psicologia científica"). Como bem o observa Laurence Kahn,

> *o termo seelische Apparat, aparelho psíquico, aparelho da alma, percorre o conjunto da obra de Freud, desde a interpretação do sonho até o esboço de psicanálise.*[2]

Essa ressurgência incessante da alma implica, no mínimo por preterição, uma certa concepção do corpo, o que denota, para Freud, que o corpo é uno e que esse corpo é o corpo biológico, o corpo da autoconservação. "*Homo simplex in vitalitate*"[a] seria assim aplicado à metapsicologia freudiana, mesmo que, ao distinguir de imediato na teoria das pulsões a autoconservação da sexualidade, haja contudo o esboço de uma segunda ordem, a ordem sexual, que se diferencia da primeira, a ordem da autoconservação. Se a referência à pulsão é inevitável, por se tratar da teoria do corpo, pode-se observar que Freud diz precisamente da pulsão que ela é o conceito mais biológico da metapsicologia:

> *Se agora, nós abordamos pela perspectiva biológica o exame da vida da alma, a pulsão aparece-nos como um conceito-limite entre anímico e somático, como representante psíquico dos estímulos provenientes do interior do corpo e alcançando a alma, como uma medida da exigência de trabalho imposta ao anímico em consequência de sua correlação com o corporal.*[3]

---

2 Laurence Kahn. *Faire parler le destin*. Paris: Klincksiek, 2005.

3 Sigmund Freud. "Pulsions et destins de pulsions". In: *Œuvres complètes*, tomo XIII. Paris: Presses Universitaires de France, 2005 [1915], pp. 163-187.[b]

Na ausência de uma análise das relações entre o corpo e a alma, as controvérsias deslocaram-se, desde o tempo de Freud, para as relações entre biologia e psicanálise. Esse deslocamento não representa um simples detalhe, e será sob essa perspectiva que poderemos acompanhar o fio condutor do pensamento de Freud sobre o estatuto do corpo.

Em *Le fourvoiement biologisant de la sexualité chez Freud*,[4] Jean Laplanche propõe uma leitura precisa das hesitações de Freud a respeito do tema. A deriva em questão seria a tentação de voltar à separação radical inicialmente posta por Freud entre sexualidade e biologia, nos "Três ensaios sobre a teoria da sexualidade" (1905). A sexualidade tem início na criança, bem antes que os órgãos biológicos da reprodução tenham alcançado a maturidade (órgãos sexuais e glândulas endócrinas), uma vez que esses entrarão em cena apenas na puberdade. E no entanto, após a reviravolta ocorrida com a introdução do narcisismo – "Introdução ao Narcisismo" (1914) –, Freud corrige, em 1915, o seu texto de 1905, incorporando-lhe uma teoria dos estágios do desenvolvimento sexual que posiciona novamente a sexualidade em uma ordem de desenvolvimento gradual, individual e endógena, seguindo um curso cuja tipicidade é considerada "normal".

Como esse desenvolvimento se expande a partir do corpo? Mediante o mesmo processo encontrado nas pulsões, ou seja, por meio do *apoio* da pulsão sobre a grande função orgânica, ilustrada por Freud a propósito da atividade oral do lactente. Graças a esse apoio, depreende-se progressivamente o poder de encontrar prazer em brincar com a boca, a língua, com os lábios, para sugar, chuchar, mordiscar. Esse prazer de natureza sexual depreende-se a partir da função específica da nutrição, enquanto a boca – zona erógena

---

4 Jean Laplanche. *Le fourvoiement biologisant de la sexualité chez Freud*. Paris: Les empêcheurs de Penser en Rond, 1993. (Freud e a sexualidade: o desvio biologizante, São Paulo, Zahar, 1997)

– serve de ponto de partida para a sexualidade oral. Poderíamos encontrar nesse mesmo movimento um processo que também fora descrito por Maine de Biran a propósito da voz e da aprendizagem do controle da destreza mediante a repetição do esforço voluntário. Com uma diferença – e não das menores: Maine de Biran não concede um lugar específico ao prazer e, *a fortiori*, nenhum lugar à dimensão erótica desta atividade voluntária.

> *Os choramingos da criança que acaba de nascer, os gritos desarticulados da dor e do prazer, enfim, tudo o que extrai da sensibilidade afeições vivas, súbitas e profundas, compõem uma espécie de língua primitiva natural, impropriamente denominada linguagem, pois não há ainda língua para o ser puramente sensitivo, sem intenção de significar algo, para quem não há ainda a ideia de expressar-se, ou a vontade determinada de manifestar-se para o exterior.*[5]

É de se observar que em Freud a separação entre o prazer sexual oral e a função nutricional, se ela supõe a liberação do sexual a partir da autoconservação, não vislumbra de maneira alguma a formação de um segundo corpo que se libertaria graças ao apoio[c] do primeiro corpo – o corpo biológico.

Freud evoca, contudo, o apoio para fundamentar o nascimento da sexualidade anal e conclama a sistematização desse apoio para o conjunto dos órgãos implicados na vida de relação. Assim, não é inalcançável a distância para vislumbrar a formação progressiva, ao ritmo do desenvolvimento das pulsões, de um segundo corpo – o corpo erótico – com base no primeiro corpo. Então é também possível aplicar à metapsicologia o aforismo de Boerhaave, citado por Maine de Biran: "*Homo simplex in vitalitate, duplex in humanitate*".

5 Maine de Biran. *Essai sur les fondements de la psichologie*, op. cit., vol. 2, p. 371.

A diferença entre o corpo duplo resultante do esforço segundo a filosofia dos princípios e o corpo duplo da sexualidade pode agora ser analisada com mais detalhes. Para Maine de Biran o descolamento do segundo corpo – o da apercepção – é o resultado do esforço voluntário:

> *Esta passagem tão importante e tão pouco observada, começa a ser vencida tão logo a criança passa a transformar por si mesma e, no momento das afeições, os gritos interjectivos em sinais de reivindicação. Ela é então uma pessoa individual, e ela tem uma intencionalidade, uma vontade que se expressa e se manifesta para fora. Começa também aí a imitar-se a si própria, ou seja, a repetir voluntariamente os sons que o órgão vocal produzira inicialmente pela impulsão do instinto sensitivo, e ainda por um efeito da motilidade espontânea.*[6]

É certo que Maine de Biran procura desobstruir a via de uma apropriação das funções do corpo dando acesso ao pensamento e à ideação. Não consegue! Esse desenvolvimento está relacionado também com o fato de tornar-se uma "pessoa individual", portanto com certa emancipação em relação ao instinto orgânico (aqui designado pelo termo "sensitivo") e, na sequência, com um certo prazer, não apenas o de pensar mas ainda o de se descobrir a si mesmo: o prazer de um crescimento da subjetividade e do Eu. Mas a dimensão erótica *stricto sensu* está totalmente ausente da filosofia dos princípios.

Se voltarmos o olhar para Freud, observaremos que a descrição do apoio se encerra com a menção do autoerotismo:

---

6 Maine de Biran. *Essai sur les fondements de la psychologie*, op. cit., vol. 2, p. 371.

Tão logo a necessidade de repetir a satisfação sexual estará separada da necessidade de nutrição.[7]

Laplanche e Pontalis, no verbete *Apoio*[d] do *Vocabulário da psicanálise* esclarecem:

A pulsão não está direcionada a outras pessoas, ela se satisfaz sobre o próprio corpo.[8]

O objeto da pulsão esvaece em favor do órgão, que está em sua origem e coincide, geralmente, com ele.[9]

Em "Introdução ao narcisismo", Freud escreve:

É necessário admitir que não está, desde o início, presente no indivíduo uma unidade comparável ao Eu. O Eu deve passar por um desenvolvimento. Contudo, as pulsões autoeróticas estão presentes desde o início; e é de se supor que algo, uma nova ação psíquica, deve ser acrescentada ao autoerotismo para a constituição do narcisismo.[10]

Pontuam Laplanche e Pontalis no verbete *Autoerotismo*:

---

7 Sigmund Freud. "Trois essais sur la théorie sexuelle". In: *Œuvres complètes*, tomo VI, Paris, Presses Universitaires de France, 2006 [1905], capítulo 2.

8 Sigmund Freud. "Trois essais sur la théorie sexuelle", op. cit.

9 Idem.

10 Sigmund Freud. "Pour introduire le narcisisme". In: *Œuvres complètes*, tomo VI. Paris: Presses Universitaires de France, 2006 [1905].[f]

> *"[...] As pulsões sexuais, até então isoladas, reuniram-se agora numa unidade, e simultaneamente acharam um objeto", e esse objeto é o Eu.*[11]

Esta "alguma coisa, uma nova ação psíquica [que] deve ser acrescentada ao autoerotismo para a constituição do narcisismo" poderia indicar a via da descoberta (a "apercepção") e da apropriação do corpo próprio pelo Eu, pois

> *no narcisismo é o Eu, como imagem unificada do corpo, o objeto da libido narcísica, e o autoerotismo é definido, por oposição, como a fase anárquica que precede essa convergência das pulsões parciais para um objeto comum.*[12]

A distância entre os processos descritos por Maine de Biran e por Freud é sem dúvida importante. Mas esse afastamento fica reduzido ao se observar a convergência dos dois quanto à formação do Eu-corpo, em outras palavras, do segundo corpo que se depreende do corpo biológico – aquele do instinto em Maine de Biran, o corpo da autoconservação em Freud.

O que falta à teoria biraniana é alguma referência ao prazer (ausência que será muito amplamente preenchida pelos desenvolvimentos que Michel Henry dará à subjetividade). O que falta à teoria freudiana é a "nova ação psíquica" que consiste na atividade de pensar o seu próprio corpo e que, como veremos, ocupa um lugar essencial até mesmo na teoria da sexualidade.

---

11 Jean Laplanche & Jean-Bertrand Pontalis. *Vocabulaire de la psychanalyse*, op. cit., "Autoerotismo".[g]

12 Jean Laplanche & Jean-Bertrand Pontalis. *Vocabulaire de la psychanalyse*, op. cit., artigo "Autoerotismo".

Na concepção freudiana, a busca pelo prazer sexual, que está no princípio da sexualidade, supõe a mobilização de uma ação. A pulsão, por sua meta, sempre define uma ação, através da qual é indicado um caminho particular para procurar, ou mesmo obter, o prazer. Ora, essa ação é, antes e fundamentalmente, uma ação corporal, que implica a mobilização de um querer. O que mostra Maine de Biran é que essa ação voluntária, esse esforço, está também fundamentalmente no princípio do pensamento. Ao assumir essa dimensão não percebida por Freud do que implica a busca, ou mesmo a repetição voluntária do prazer, é possível realizar a ligação do sexual com o pensamento, em outros termos, a busca da excitação (desagregação) com o pensamento (ligação) na esfera mesma do corpo pensante. Forma mais sofisticada, sem dúvida, do autoerotismo que, com isso, se diferencia de um automatismo biológico de repetição, o qual não ajuíza corretamente o que fundamenta a especificidade do erotismo em relação à ação reflexa.

Freud debruçou-se, no entanto, sobre a questão do pensamento, mas seguindo um caminho bem diferente. O "Projeto para uma psicologia científica" (1895) concede, quando muito, um espaço desprezível à sexualidade por um lado, e por outro centra sua análise nas relações entre o cérebro (ou o sistema nervoso central) e o pensamento e não nas relações entre o corpo e a ideação.

Por que submeter a uma tal confrontação a teoria do aparelho anímico e a teoria do fato primitivo do pensamento? É possível que se julgue tal exercício como fastidioso e sem grande interesse. Trata-se, contudo, de um ponto cuja extensão é notável. O único texto em que Freud trata das relações entre o Eu e o corpo é "O Eu e o Id" (1923). No conjunto dos trabalhos que sucedem a introdução da segunda tópica, são justamente destacadas as relações entre o Id e o corpo.

A passagem na qual Freud trata da questão do corpo e suas relações com o Eu é, de fato, uma nota acrescentada para a edição inglesa de 1927 e que não está reproduzida nas edições alemãs posteriores:

> *O Eu é antes de tudo um Eu corporal, ele não é apenas um ente de superfície, é também, ele próprio, a projeção de uma superfície. [E eis a nota:] Ou seja, em última instância, o Eu deriva de sensações corporais, principalmente aquelas que se originam na superfície do corpo. Ele pode ser então considerado como uma projeção mental da superfície do corpo e ainda, como o vimos acima, ele representa a superfície do aparelho mental.*[13]

Como já foi acima observado, ao se afastar do campo da neurose, ao se interessar pela psicose, pelos *borderlines* ou pela psicossomática, a questão do corpo torna-se central – o corpo tal como é habitado ou que escapa à apercepção imediata, ou ainda quando está submetido a apercepções distorcidas por alucinações de transformação ou de intrusão (como no caso do presidente Schreber, analisado por Freud em "Cinco lições de psicanálise").

Daí a importância de "O Eu e o Id" de Freud, trabalho sobre o qual, incansavelmente, todos os autores retornam. A começar por Didier Anzieu, quando constrói uma metapsicologia do Eu-pele. O mesmo para Gisela Pankow, quando ela elabora uma teoria da imagem do corpo na psicose. O mesmo, quando se tenta constituir uma teoria do corpo erógeno em suas relações turbulentas com o corpo biológico, isso no campo da psicossomática.

---

13 Sigmund Freud. "Le moi et le ça". In: *Essais de psychanalise. Œuvres complètes*, tomo XVI. Paris: Presses Universitaires de France, 1991 [1923], p. 270.[h]

Ora, deve-se admitir que a orientação proposta por Freud acerca das relações entre o Eu e o corpo – ou entre a alma e o corpo – leva a uma situação de grande embaraço que, precisamente, a teoria do "fato primitivo", e somente ela, permite superar.

> *De antemão todas as percepções são conscientes, as que provêm do exterior (percepções sensoriais) como as que provêm do interior, o que chamamos de sensações e sentimentos. Mas o que dizer sobre os processos internos que podemos talvez, ainda que de modo grosseiro e impreciso, reunir sob a denominação de processos do pensar? Alcançam eles – que se realizam em algum lugar no interior do aparelho como deslocamentos de energia anímica no caminho da ação – a superfície que faz brotar a consciência? Ou é a consciência que vai até eles?*[14]

As questões levantadas por Freud sobre os "processos do pensamento" são rigorosamente as mesmas formuladas por Maine de Biran. Mas esse último as responde de modo diametralmente oposto: "as percepções que provêm do exterior (percepções sensoriais) como as que provêm do interior, e que chamamos de sensações e sentimentos" não são de antemão conscientes em Maine de Biran.

> *Sempre que a força ativa do querer (ou seja do Eu) não participar de uma impressão sensível, de uma imagem ou uma intuição, todas essas ao encontrar-se fora da consciência atual ficarão para sempre perdidas pelo Eu e, não tendo recebido a primeira impressão do pensamento, não podem reproduzir-se na sequência sob a forma intelectual da reminiscência de uma*

14 Sigmund Freud. "Le moi et le ça", op. cit., p. 264.[i]

lembrança propriamente dita, mesmo quando ocorrem uma segunda vez na esfera da imaginação sensitiva.[15]

"Maine de Biran e o Eu"

> *Eu creio ter demonstrado alhures, tanto quanto é possível, que as matérias da fisiologia suscetíveis de demonstração, que o estado desperto não era semelhante a um estado de esforço de vigília pela vontade-una [...] sobre o conjunto dos órgãos que lhe estão diretamente submetidos, esforços que constituem também o Eu, ou o fazem presente a si próprio, a suas sensações e a seus atos, tanto quanto ele persiste ou tanto quanto dure a vigília.*[16]

O que seria essa vontade-una? Certamente Maine de Biran tem da consciência – assim como para esforço sensível –, a ideia de entidades unificadas. Ele sabe, contudo, que não será sempre assim,[17] por isso evoca estados de luta entre paixão e vontade. De modo ainda mais preciso, interroga-se sobre os fundamentos do sonho, do sono, do sonambulismo e, em outro texto, sobre a alienação. É, com segurança, inicialmente em razão de suas discussões com os psiquiatras (Cabanis, Royer-Collard, Pinel, entre outros), mas também porque ele sabe que o império do Eu pode facilmente

15 Maine de Biran. *Discours à la société médicale de Bergerac* (1809). In: *Œuvres*, tomo V. Paris: Vrin, 1984, p. 95. Cf., também, idem. *Nouvelles considérations sur le sommeil, les songes et le somnambulisme*. In: *Œuvres*, tomo V. Paris: Vrin, 1984, p. 82.

16 Maine de Biran. *Discours à la société médicale de Bergerac*, op. cit., p. 87.

17 Idem, p. 94.

sucumbir sob o efeito de excitações, de sensações, de desejos ou de paixões exacerbadas.[18]

Se ele recebe por parte de Royer-Collard algumas críticas, ele não as responde de modo preciso. É que Biran tem uma teoria sobre o fato primitivo que abre a via para a ideação e o pensamento – uma ciência dos princípios – mas ele não tem verdadeiramente uma teoria do sujeito. Uma teoria da subjetividade, com certeza, mas não uma teoria do sujeito.

E, de fato, a conceituação de Maine de Biran permanece basicamente solipsista e só considera o desenvolvimento da capacidade de pensar com base nos poderes do corpo, independentemente da relação com o outro.

No entanto, se retomarmos um excerto de Maine de Biran já citado, no qual ele fala do desenvolvimento da criança e da apropriação do corpo, podemos perceber que ele vislumbrou essa dimensão, embora não tenha lhe acordado qualquer significado particular.

> *Esta passagem tão importante e tão pouco observada, começa a ser vencida tão logo a criança passa a transformar por si mesma e, no momento das afeições, os gritos interjectivos em sinais de reivindicação. Ela é então uma pessoa individual, e ela tem uma intencionalidade, uma vontade que se expressa e se manifesta para fora.*[19]

A criança é citada, mas os "sinais de reivindicação" enquanto indicam a orientação da vontade ou a busca de prazer da criança dirigidos ao outro (o adulto?) não são integrados à teoria. A "ideologia subjetiva" é sem dúvida solipsista. O fato de o

18 Cf. passagem sobre a apercepção imediata, ibidem, pp. 72 e 96.

19 Maine de Biran. *Essai sur les fondements de la psichologie*, op. cit., vol. 2, p. 371.

desenvolvimento mesmo do corpo pensante ser tomado em uma relação desigual entre a criança e o adulto não é relevado. Assim, o desenvolvimento do Eu está incólume de tudo o que, pela psicanálise, será revelado como perturbação maior, ou seja, o fato preciso de a *consciência* não ser una e para sempre ser separada em duas (o inconsciente e o pré-consciente).

Rumo a uma teoria do corpo duplo e do sujeito dividido: Laplanche e a teoria da sedução generalizada

Assentar uma teoria do pensamento e da inteligência no lugar que cabe ao prazer – e, por conseguinte, à sexualidade – leva a uma discussão sobre a maneira como o corpo está implicado na gênese do inconsciente. Se o corpo é o local de onde brota o pensamento, mas um pensamento impregnado por uma história particular que lhe confere sua irredutível singularidade, é porque o próprio corpo está chancelado por essa história. O resultado da apropriação do corpo não é o mesmo em todos os indivíduos porque não depende dos únicos poderes fundamentais do corpo subjetivo, mas também das vicissitudes particulares da edificação sexual.

Para juntos percorrermos o caminho do processo de formação da sexualidade, proponho observamos a proposta da teoria sexual de Laplanche, pois ela imputa precisamente um interesse específico à atividade de pensar que acompanha o desenvolvimento sexual, por um lado; porque a teoria da sedução generalizada é também uma teoria dos princípios,[20] por outro; por fim, porque

20 Não se avalia devidamente que a teoria da sexualidade – na exegese proposta por Laplanche – seja também uma teoria do pensamento. O estatuto acordado à tradução, em Laplanche, é fundamental. O que ele propõe não é apenas uma teoria da genealogia do sexual, é ainda uma teoria tradutora do inconsciente.

ela traz recursos específicos à análise conceitual sobre o estatuto consagrado ao corpo na antropologia psicanalítica.

Na *ciência dos princípios*, é no esforço voluntário que recai o poder não apenas de constituir o Eu pela apropriação progressiva do corpo, mas de abrir caminho à emancipação do sujeito em relação à ordem biológica. Na *teoria da sedução*, é na sexualidade que recai o poder de emancipação do Eu em relação à ordem biológica. Mas se a sexualidade e o esforço sensível envolvem tanto o corpo como o pensamento, a diferença essencial entre os dois se deve ao fato de a sexualidade conferir no processo um lugar significativo ao outro (outro adulto): a teoria do esforço é solipsista; a teoria da sedução é comunicacional (exceto se nos apoiemos na teoria do esforço para descrever a vertente intrassubjetiva e corporal que exige do Eu a implantação da mensagem do adulto, mensagem essa que se situa no ponto de partida intersubjetivo do conjunto do processo).

Para Laplanche, a psicanálise é, em primeiro lugar, e antes de qualquer coisa, uma teoria da sexualidade. Seria mais preciso dizer que é *a* teoria da sexualidade. Importa precisar, no entanto, que esta teoria não é uma teoria de objetos entre outras teorias do mesmo estatuto, como seriam, por exemplo, uma teoria da atenção, uma teoria da memória, uma teoria da inteligência. A sexualidade realmente não é um objeto como os demais. Ela atravessa e estrutura todas as condutas humanas, ela ocupa um lugar central tanto no funcionamento individual como na produção das obras da *Kultur*. Em outros termos: a teoria da sexualidade é uma antropologia. É pelo menos na investigação e na demonstração dessa centralidade da sexualidade que se concentra a obra de Laplanche. Nisso, o autor prossegue no caminho inicialmente empreendido pelo primeiro Freud, aquele que descobre o lugar devido ao sexual em todas

---

Em outros termos: uma teoria na qual o inconsciente é uma consequência da atividade de pensamento.

as produções humanas. Laplanche se diferencia de muitos autores que, mesmo ao reivindicarem a herança de Freud, tendem a fazer da sexualidade um eufemismo, a tratá-la como um objeto no meio de tantos outros (tal como a linguagem, a violência, a criatividade ou a comunicação, entre outras mais).[21]

Ao apoiar-se nessa base metapsicológica, tentarei empreender uma discussão sobre um ponto particular que diz respeito à maneira como o corpo está implicado na gênese do inconsciente. E por que isso? Porque me parece que o corpo é o local de onde brota o pensamento, ou seja, o pensamento chancelado por uma história particular que lhe confere sua irredutível singularidade e faz com que seja diferente de todas as demais histórias. O que é então essa irredutível singularidade senão o fato de que este pensamento está gravado pela inscrição indelével de uma história que lhe impõe um modo de funcionamento diferente de todos os outros. Como essa história se inscreve no pensamento para lhe modelar seu estilo e também suas mazelas? A isso a teoria sexual responde: pela mediação dos efeitos do inconsciente que age nos bastidores para influenciar o curso do pensamento, mesmo que ocasionando alguns contratempos como os atos falhos ou os lapsos.

Se insisto no corpo é porque o corpo, antes mesmo do inconsciente, ao que me parece, molda o pensamento. E isso pelo fato de ser o corpo que experimenta afetivamente a vida e que é a partir do que se experimenta afetivamente que o pensamento é mobilizado. De sorte que, ao final das contas, a genialidade de um pensamento provém do poder do próprio corpo que se põe à prova, ou seja, de sua sensibilidade ou de sua erogeneidade. Tempo e história inscrevem-se também na subjetividade sob a forma dos registros de sensibilidade que a experiência constitui no corpo.

---

21 Cf. Hélène Tessier. La psychanalyse américaine. Coleção "Que sais-je". Paris: Presses Universitaires de France, 2005.

Essa sensibilidade do corpo que lhe dá a um só tempo o poder de apalpar afetivamente o mundo, de se experimentar a si próprio e de sentir a vida, essa sensibilidade não é a mesma em cada um de nós. Essa sensibilidade mais ou menos desenvolvida, mais ou menos diversificada, cada qual obtém da (dúvida) história desse corpo, a história de sua construção.

O primado da sensualidade, por quê?

Por que acordar esse privilégio exorbitante à sexualidade?

A descoberta freudiana fundamental sobre a qual Laplanche deseja examinar as consequências antropológicas está centrada no fato de a sexualidade se iniciar muito antes da puberdade. A sexualidade humana é uma sexualidade infantil, até mesmo para os adultos. Não apenas ela se inicia antes da maturidade das glândulas endócrinas, como ela começa a manifestar-se antes mesmo da aquisição da linguagem. Isso leva muitos autores pós-freudianos a realizar grandes exercícios eufemísticos, pois se ela não deriva da ordem biológica, de onde então viria a sexualidade infantil?

A sedução pelo adulto

A sexualidade advém na criança por intermédio da sedução exercida pelo adulto. Se Freud renuncia, em 1897, à teoria da sedução é porque ele reserva para esse termo apenas os atos que qualificaríamos juridicamente como abusos e atentados ao pudor.

Há, no entanto, inúmeras outras maneiras de excitar uma criança. Seja com os gestos os mais banais, que implicam simples cuidados dados ao corpo da criança.

> *O "carinho" revelado pelos pais e pelas pessoas que cuidam das crianças, e que raramente negam seu caráter erótico (a criança, brinquedo erótico), é em grande parte responsável pelo aumento na criança do tributo do erotismo para os investimentos das pulsões do Eu [...].*[22]

Detenhamo-nos um pouco aqui para sublinhar que, se por um lado a sexualidade infantil nada deve à biologia (da reprodução) e, por outro, a sexualidade é essencialmente de natureza fantasmática, isso não significa que a sexualidade se expanda para fora do corpo. Ao contrário: *implica constantemente o corpo* da criança, revelando ainda a erogeneidade desse corpo para a própria criança. Mas no início da excitação desse corpo há, sem sombra de dúvida, gestos realizados pelos adultos sobre o corpo. É por intermédio do corpo que se implanta o sexual adulto na criança.

Laplanche, na sequência de sua pesquisa, efetua uma sistematização da sedução exercida pelo adulto sobre a criança. Não são apenas os gestos do adulto que excitam, mas sobretudo o que, partindo do adulto nessa ocasião, diz respeito aos fantasmas e, mais especificamente, ao próprio inconsciente sexual do adulto. Este ponto é importante: por uma parte essencial, o adulto não sabe o que está introduzindo, o que está implantando de sexual naquela criança que está cuidando.

A mensagem comprometida

Laplanche retoma, de forma mais sintética, este descuido do adulto que excita a criança sob o conceito genérico de "mensagem":

---

22 Sigmund Freud. "Du rabaissement généralisé de la vie amoureuse (Contributions à la psychologie de la vie amoureuse II)". In: *Œuvres complètes*, tomo XI. Paris: Presses Universitaires de France, 1998 [1912], p. 131.

mensagem contaminada de sexual, por conseguinte, mensagem comprometida pelo sexual inconsciente do adulto, que inevitavelmente exerce sobre a criança, um poder excitante, um poder de captura, ou seja, um poder de sedução.

Nolens volens, o adulto apresenta-se como um sedutor que leva a criança – sempre seduzida – a penetrar, por seu turno, no universo da sexualidade humana. Em outros termos: na dimensão *fantasmática* da sexualidade, o que lhe confere sua dimensão *erótica*, enquanto a implicação do *corpo* da criança lhe traz sua dimensão *sensual*. É por conta do caráter inevitável desse comprometimento da relação adulto - criança pelo sexual que Laplanche propõe o conceito de "sedução generalizada" (diferente do conceito da sedução restrita que Freud reservava, no início, para os atos que, cometidos pelos adultos sobre as crianças, geravam posteriormente organizações psicopatológicas).

A sexualidade não chega ao ser humano pelo instinto de reprodução, tampouco é inata. No nascimento, não há ainda na criança, sexualidade. A sedução, contudo, começa muito precocemente a implantá-la.

Por que Laplanche fala de mensagem e não de gesto de sedução? Em primeiro lugar porque sem a mensagem associada ao gesto, esse mesmo gesto não seria sexual; depois, porque a teoria sexual é indissociável de uma referência à comunicação, que desempenha um papel fundamental na relação criança - adulto.

A onda portadora da mensagem

É ainda necessário precisar o que o termo "comunicação" abrange. A comunicação não está aqui restrita à linguagem, nem mesmo à dimensão pragmática da linguagem. Essa comunicação é, antes e sobretudo, desigual: é a comunicação de uma criança com um adulto. E ela tem início bem antes do acesso à linguagem.

Essa aptidão à comunicação está presente em todas as crianças que não sofrem de alguma doença grave e é, diferentemente da sexualidade, fomentada pelos arranjos comportamentais inatos que foram evidenciados pelos etólogos (em particular por Harlow) sob a denominação de *apego*.[23] O apego (que se manifesta por comportamentos de agarramento, procura e de busca do calor e do contato com o corpo adulto) deflagra, em contrapartida, no adulto, comportamentos descritos *sob* o nome de "*retrieval*" (comportamentos de cuidados").

Essas interações sobressaem com clareza em uma comunicação pré-verbal, mesmo se essa prossegue após a iniciação na linguagem *stricto sensu*. O apego se instaura na criança logo após o nascimento e é a partir desta etapa que começa a comunicação propriamente dita. Ora, o que se comunica entre a criança e o adulto – mesmo se vetorizado pelos cuidados higiênico-dietéticos – não pode ser reduzido estritamente à sua dimensão instrumental. A comunicação de base, que traz consigo o apego, constitui a "onda portadora" das mensagens.

As mensagens enviadas pelo adulto são infalivelmente comprometidas (pela simples razão esse último integrar o mundo dos adultos) com conteúdos eróticos.

A tradução

Recebidas pela criança, essas mensagens-comprometidas se transmutam em exigência, ou até mesmo em exigência de trabalho para a criança, exigência esta que adquire a forma de um trabalho de tradução da mensagem e de sua dimensão enigmática.

Quaisquer que sejam os esforços da criança para controlar a excitação que essas mensagens transmitem, é certo que as

23 John Bowlby. *Attachement*. Paris: Presses Universitaires de France, 1978 [1969].

traduções serão sempre traduções imperfeitas ou incompletas. Os resíduos não traduzidos não deixam de insistir e de retornar, de suscitar assim novos ensaios e assim indefinidamente: em função da especificidade das traduções tentadas pela criança, são sedimentados resíduos que se singularizam como fonte de excitação autônoma: objeto-fonte da pulsão, é assim que são qualificados por Laplanche, para lembrar que antes de tornar-se fonte, na origem, eles foram trazidos do exterior, pelo adulto. O inconsciente sexual do adulto, pelo qual a mensagem está comprometida, dá à luz fontes pulsionais que participam da formação do inconsciente da criança: os resíduos incomprimíveis e irredutíveis da tradução levarão aos poucos à formação do inconsciente sexual da criança. Esse movimento que se desenvolve na sombra da tradução constitui o recalque primário (originário). Assim, a teoria da sedução é indissociavelmente uma teoria da tradutibilidade da formação do inconsciente.

Algumas observações

1. A sexualidade infantil apoia-se, ao longo de todo o seu desenvolvimento, em uma grande função vital. Mas não é a função sexual que está aqui em causa, é antes a relação de apego e, apenas posteriormente, as outras grandes funções orgânicas. O termo "apoio", todavia, deve ser empregado com certa prudência, uma vez que, no trabalho de Freud, ele remete a uma gênese endógena do sexual a partir das funções biológicas das quais ele se distanciaria em um processo natural. Esse ponto de vista, Laplanche qualifica como ptolomaico. A referência à sedução generalizada desloca o centro geométrico e lugar de origem do processo para o outro adulto, o que Laplanche caracteriza com a denominação "concepção copernicana". Laplanche

refere-se, com muita frequência, ao texto de Ferenczi Confusão de línguas entre o adulto e a criança (1932) para, ao final, conceder-lhe, após algumas correções, um estatuto muito mais sistemático que poderíamos qualificar como fundamental.

2. O trabalho de tradução realizado pela criança produz, no esforço mesmo que é realizado, um inconsciente que é, com certeza, uma produção própria da criança. Mesmo que o processo tenha sido deflagrado pela atividade do inconsciente do adulto, não há transmissão direta do inconsciente do adulto para o inconsciente da criança. Entre um e outro, interpõe-se toda a espessura do funcionamento psíquico da criança.

3. O desequilíbrio entre o adulto e a criança – que está na origem do sexual infantil – posiciona, necessariamente, todo adulto em posição de sedutor, até mesmo de pedófilo, e toda criança em posição de hermeneuta. Esta situação, inicialmente fundamentalmente passiva, da criança em relação à sedução, é designada sob o nome de "situação antropológica fundamental".

Na situação antropológica fundamental, é a tradução que realiza a mediação entre a mensagem do adulto, por um lado, e o inconsciente sexual da criança, por outro. A tradução, na teoria de Laplanche, é considerada uma competência da natureza de toda criança.

Mas, a princípio, em que consiste a mensagem? Em que consiste sua quididade? A mensagem, para Laplanche, não reveste apenas uma forma linguageira e é aí que sua teoria opõe-se à teoria de Lacan. As mensagens, sem sombra de dúvida, chegam até a criança bem antes que ascenda à linguagem. As mensagens estão, no início, contidas nos *gestos* e nas manipulações exercidas pelo adulto sobre o corpo da criança durante os cuidados do corpo. Os gestos e as manipulações, o corpo a corpo entre o adulto e a criança produziriam *no corpo dessa criança* efeitos sensuais. É por meio dessa excitação sensual que o sexual adulto seria *implantado* no corpo da criança. Traduzir, para essa criança, não consistiria em traduzir diretamente uma mensagem, e sim *o efeito dessa mensagem sobre o seu corpo*. A mensagem seria, de alguma maneira, permutada pelo corpo da criança, e o pensamento da criança estaria envolvido em traduzir o estado desse seu corpo afetado pela intervenção erotizante do adulto (por sinal, tanto quanto por sua abstenção, ou mesmo por sua recusa, que também produzem uma mensagem).

Assim, no mesmo momento em que o Eu se *desata do corpo* como instância na qual se forma o pensamento (a natureza da ideação está baseada na tradutibilidade), *recapitula-se a implantação do inconsciente no corpo*, que se torna fonte da pulsão.

No mesmo momento em que o Eu se esboça, uma parte dele é perdida: a recuperação integral do Eu pela consciência fica para sempre perdida. A consciência não será jamais soberana e o pensamento subjetivo, enquanto ele sobrevém pelo corpo pensante, será também sempre habitado pelo sexual. A ideologia subjetiva de Maine de Biran, revisitada pela psicanálise de Freud, instala o sexual no princípio mesmo do pensamento.

Em contrapartida, a contribuição da filosofia dos princípios à teoria sexual e à teoria do Eu é que a apropriação pelo Eu dos estados do corpo, a apercepção do corpo que leva à formação do corpo erótico, passa pelo movimento voluntário. O esforço revela o corpo para si mesmo. Além disso, o esforço é expressivo, ele é "agir expressivo" engajado na comunicação com o adulto. A tradução começa pelo esforço de gesticulação. O pensamento de tradutibilidade é de início motriz. A comunicação originária é motriz.

A subversão libidinal e o corpo erótico

A organização do corpo erótico – este corpo que estamos discutindo – passa por uma operação descrita por Freud nos "*Três ensaios sobre a teoria da sexualidade*" sob o nome de *apoio da pulsão* sobre a função fisiológica. Essa operação, fundadora da sexualidade psíquica, consiste em um processo sutil: a criança esforça-se para mostrar a seus pais que sua boca, por exemplo, não lhe serve exclusivamente de órgão dedicado à função nutricional. Sua boca serve-lhe ainda para sugar, para beijar, morder e, mais tarde, servirá para a realização dos pequenos jogos da vida sexual. Com isso, o sujeito afirma uma certa independência de utilização de seu órgão – a boca – em relação à sua destinação primitiva. A criança afirma que utiliza a boca não apenas para se alimentar, mas às vezes também para a satisfação de seu prazer. Ela descobre ao mesmo tempo que não é escrava de seus instintos e de suas necessidades, que não está reduzida a um simples organismo animal, mas que procura tornar-se o sujeito de seu desejo. Ela pode prosseguir ainda mais longe nessa direção e afirmar que sua boca lhe serve de maneira exclusiva para o prazer; torna-se então anoréxica para representar de forma caricatural sua franquia em relação ao registro da necessidade.

Vê-se que o apoio, em situações como essa exemplificada, opera como uma subversão. A boca, ao ocupar o lugar de pivô na subversão, pode ser reconhecida como zona erógena. Sem dúvida, trata-se de um *órgão* que está aqui convocado, não se trata de uma *função*. É importante compreender bem que, para libertar-se o tanto quanto possível da ditadura de uma função fisiológica, o órgão não deixa de ser um intermediário necessário: *a subversão da função pela pulsão passa pelo órgão.*

Freud descreveu os estágios sucessivos da edificação sexual.[24] Uma por vez, distintas partes do corpo servirão de zonas erógenas (melhor: em essência as partes do corpo que limitam o interior do exterior, como os órgãos dos sentidos, esfíncteres, pele e, com um grau menos importante, as vísceras internas). Essas zonas serão aos poucos arrancadas de seus possessores naturais e primitivos que são as funções fisiológicas, para ser subvertidas em proveito da construção do que chamamos de *corpo erótico*. Graças a essa edificação da sexualidade psíquica e do corpo erótico, o sujeito é capaz de libertar-se parcialmente de suas funções fisiológicas, de seus instintos, de seus comportamentos automáticos e reflexos e mesmo de seus ritmos biológicos. É assim que a sexualidade humana vem a se desempenhar, em certa medida, como ritmos endócrino-metabólicos. Na mulher, por exemplo, a sexualidade deixa de seguir o ciclo menstrual e não cessa com menopausa. Por conta do apoio, o registro do desejo instaura seu primado sobre o da necessidade, a pulsão (isto é, o sexual) desvencilha-se parcialmente do instinto (isto é, a autoconservação).

A edificação do corpo erótico é possivelmente uma potencialidade inscrita no patrimônio genético humano. Entre esta potencialidade e sua realização, há ainda uma distância que só pode ser vencida *pelas relações* que a criança estabelece com o adulto. O desenvolvimento do corpo erótico é a resultante de um diálogo em torno do corpo e de suas funções que se apoiam nos cuidados corporais dispensados pelo adulto e cujas principais etapas ocorrem

24 Não estou dizendo, com isso, que subscrevo essa concepção dos estágios elaborada por Freud. O que pretendo apresentar aqui não é um amontoado de estágios segundo uma estratificação evolucionista que conduziria a uma maturidade genital e heterossexual qualquer. Trata-se antes de uma progressão espacial levando à formação de uma "topografia" do corpo erógeno.

nos primeiros anos de vida. O diálogo em questão interpela a parceria. Em outros termos: o funcionamento psíquico do adulto, seus fantasmas, sua sexualidade, sua história, sua neurose infantil marcarão de maneira muito singular o diálogo que se instaura com a criança, a ponto de inscrever até mesmo no corpo dessa última as marcas de seu inconsciente de adulto.

A ontogênese do corpo subjetivo se define. Todo o processo se desenvolve na relação com o outro. E o outro, aqui, não é exatamente um alter ego. A psicanálise sugere que essa relação é *desigual.*[25] O recém-nascido, assim como a criança, descobre o seu corpo e a afetividade absoluta da vida em uma relação desigual com o adulto. E o local essencial do encontro entre a criança e o adulto é, antes de qualquer outro, o corpo: os cuidados com o corpo, os jogos do corpo.

Na *perspectiva psicanalítica* – e não apenas na perspectiva fenomenológica –, o corpo aparece como o local geométrico a partir do qual se expande progressivamente a subjetividade. Mesmo se o desafio instrumental dessas relações entre o adulto e a criança concentra-se, em um primeiro momento, no mundo objetivo, a qualidade dos cuidados, o amadurecimento contínuo e o desenvolvimento harmônico do corpo biológico da criança, em suma, suas relações provocam por seu próprio movimento outras proezas: o prazer, o desejo, a excitação... e, de modo mais abrangente, a dimensão erótica indissociável dos jogos do corpo. Forma essencial, dentro da qual o corpo começa a se experimentar a si mesmo, a descobrir-se, a conhecer-se, a transformar-se. O segundo corpo, o corpo erótico, nasce do primeiro, o corpo fisiológico. Entre os dois, os gestos do adulto sobre o corpo da criança, que não pode ser reduzido à sua mera dimensão material e à sua voca-

---

25 Sandor Ferenczi. *Confusion de langue entre les adultes et l'enfant*. Coleção "Petite Bibliothèque Payot, 2004 [1969]; Jean Laplanche. *Nouveaux fondements pour la psychanalyse*. Paris: Presses Universitaires de France, 1987.

ção instrumental. O encontro do corpo da criança provoca, *nolens volens*, no adulto, sentimentos e afetos, mobiliza seus fantasmas e seu inconsciente. Mesmo que estejamos ali, o mais perto possível, da dimensão técnica das manipulações pelo adulto do corpo da criança, continuamos todavia muito longe: na subjetividade, na intersubjetividade, na afetividade e no invisível. E é nesse local geométrico do corpo que se produz, com maior ou menor felicidade, a subversão libidinal das funções fisiológicas. Assim, para o psicanalista, a afetividade absoluta da vida que se experimenta em si mesma deixa-se inevitavelmente conhecer por uma emancipação do corpo vivido a partir do corpo biológico. É ainda necessário sublinhar que esse corpo vivido é primeiramente experimentado *como um corpo erógeno*. Para o psicanalista, afetividade e erogeneidade são indissociáveis.

Notas do tradutor

a Observar anotação de Dejours junto à citação da página 83,bem como nota de rodapé 18 do capítulo 3, nesta mesma página 83.

b Sigmund Freud, "Pulsões e destinos da pulsão". In: *Obras psicológicas de Sigmund Freud. Escritos sobre a psicologia do inconsciente*, vol. 1, Rio de Janeiro, Imago, 2004, p. 148; idem, "Os instintos e seus destinos". In *Sigmund Freud, Obras completas*, vol. 12. São Paulo: Companhia das Letras, 2010, p. 57.

c Este apoio (o *Anlehnung* de Freud) diz respeito às relações entre pulsão sexual e certas funções orgânicas, aquela apoiando-se nessas, como será detalhado em seguida. Jean Laplanche e Jean-Bertrand Pontalis (*Vocabulário da psicanálise*, 4. ed. São Paulo: Martins Fontes, 2010, p. 30) exemplificam: "Essa relação é particularmente evidente na atividade oral do lactente: no prazer encontrado na sucção do seio, '... a satisfação da zona erógena estava a princípio estreitamente associada à satisfação da necessidade de alimento' (Freud, "Três ensaios sobre a teoria sexual")".

d *Étayage*, no original.

e Jean Laplanche & Jean-Bertrand Pontalis. *Vocabulário da psicanálise*, op. cit., pp. 30-32.

f Sigmund Freud. "À guisa de introdução ao narcisismo". In: *Obras psicológicas de Sigmund Freud, Escritos sobre a psicologia do inconsciente*, vol. 1. Rio de Janeiro: Imago, 2004 [1914], p. 99. Idem. "Introdução ao narcisismo". In: *Sigmund Freud, Obras completas*, vol. 12. São Paulo: Companhia das Letras, 2010 [1914], pp. 18-19 ("*Zur Einführung des Narzissmus*". *Gesammelte Werke*, vol. 10, pp. 138-170).

g Jean Laplanche & Jean-Bertrand Pontalis. *Vocabulário da psicanálise*, op. cit., verbete "Auto-erotismo", p. 48.

h Sigmund Freud, "O Eu e o Id". In: Obras *psicológicas de Sigmund Freud, Escritos sobre a psicologia do inconsciente*, vol. 3. Rio de Janeiro: Imago, 2007, pp. 38 e 82. Idem. "O Eu e o Id". In: *Sigmund Freud, Obras completas*. vol. 16, São Paulo: Companhia das Letras, 2011, p. 32 ("*Das Ich und das Es*". *Gesammelte Werke*, vol. 13, pp. 237-289).

i Sigmund Freud. "O Eu e o Id". In: *Obras psicológicas de Sigmund Freud, Escritos sobre a psicologia do inconsciente*, vol. 3, op. cit., p. 33 Idem. "O Eu e o id". In: *Sigmund Freud, Obras completas*, vol. 16, op. cit., p. 23.

j Sigmund Freud. "Sobre a tendência universal à depreciação na esfera do amor" (Contribuições à psicologia do amor II), *Edição Standard Brasileira das obras psicológicas completas de Sigmund Freud*, vol. XI. Rio de Janeiro: Imago, 1970 [1912], pp. 164-165 ("*Beiträge zur Psychologie des Liebeslebens II* (*Über die allgemeinste Erniedrigung des Liebeslebens*")), (*Gesammelte Werke*, vol. 8, pp. 78-91).

5. Limites do corpo erótico e gênese da violência

Impasses do pensamento e genealogia da violência individual

Vimos, no primeiro capítulo, o que o trabalho deve à inteligência do corpo e, por enquanto, esboçamos apenas o que a subjetividade pode obter em troca dessa provação a partir do trabalho (tema que será aprofundado no capítulo 8).

Mesmo se na esfera dos "princípios" o círculo virtuoso entre trabalho e subjetividade não é restringido por limites, no âmbito da clínica concreta os dados empíricos obrigam a uma maior circunspecção. O trabalho é a um só tempo oportunidade e mediação de uma ampliação de subjetividade que se inscreve na dinâmica da sublimação. Com essa descoberta inesperada, de que o trabalho, contrariamente ao que reza a teoria convencional, não se presta apenas como canalização possível à excitação, mas pode contribuir, como contrapartida, à expansão do repertório erótico do corpo e à acomodação da economia pulsional em seu conjunto (e ainda ao enriquecimento do patrimônio pulsional).

Mas introduzir, *via* psicanálise, a dimensão do sexual na ciência dos princípios é também, *nolens volens*, abrir espaço para forças (particularmente as compulsivas) que se opõem ao "desenvolvimento" e ao "progresso" do Eu. Considerar o inconsciente é, ao mesmo tempo, ser obrigado a renunciar a uma concepção irenista da sublimação.

Se o pensamento embasado no esforço voluntário abre a via para a genealogia do segundo corpo, o mesmo pensamento em sua forma seminal depende também, como já o vimos, do modelo referente à tradutibilidade. A tradução sempre deixa atrás de si restos que escapam à simbolização - ligação e se sedimentam, originando o inconsciente. Se o recalque nada mais é do que o reverso ou a sombra da tradução, se ele é tão só a contrapartida da tradução, ele também é o que, pelo princípio mesmo de sua formação, escapa inexoravelmente a toda conquista direta do Eu. O inconsciente só se deixa conhecer indiretamente, pelo que a teoria reúne sob o nome de "retorno do recalcado".

O paradoxo, do ponto de vista da subjetividade, é que o mais obscuro é também o que tem o maior poder de mobilização para o Eu. A insistência do inconsciente apresenta-se com frequência para o Eu assumindo a forma de um desafio. Perturbador, como todo desafio, mas também excitante! O inconsciente faz-se amiúde perceber como uma tentação, como o malicioso! Ele é diabólico, no sentido etimológico do termo, ou seja, ele tende a desfazer, a desligar o que foi reunido pelo pensamento da tradução e cria, pelo mesmo movimento, o distúrbio e a vertigem sensuais do risco.

Em razão da potência excitante do inconsciente, o que realiza o pensamento, o que ele produz, pode ser indefinidamente retomado e transformado. A chancela do inconsciente no pensamento se concretiza no movimento que ele lhe impõe: "tradução", "destradução", "retradução".[1]

Mas o inconsciente sexual tem outras propriedades. Com a embriaguez da excitação surge também a tendência do "Sexual"[a] a perder o comedimento, a se embalar e a provocar o Eu em um jogo com vistas ao gozo levado do excesso.

As formas extremas dessa tentação foram estudadas em psicanálise por Robert Stolle, em sociologia por David Le Breton[2] e ganharam atualidade com a sexualidade "queer". É para elucidar essa dimensão fundamental do "Sexual" que Laplanche introduziu o conceito de "pulsão sexual de morte".[3]

A ideação desafiada pelo sexual: Os dois tempos da pulsão ("pulsatilidade da pulsão")

Retomemos o tema da pulsão: se a pulsão é busca de excitação, ela desemboca na experiência do prazer, do gozo. Mas a pulsão não é o corpo em sua totalidade. A pulsão é antes e sobretudo pulsão parcial, indiferente à unidade do corpo ou à sua unificação. Ela é pura busca de "prazer de órgão". Neste sentido, a pulsão contém um apelo ao gozo que constitui, de fato, uma ameaça potencial para a própria coesão subjetiva. A experiência erótica, enquanto corpo a corpo, é a provação crucial em que o corpo erótico revela-se a si

1 Cf. Jean Laplanche."Révolution copernicienne inachevée". In: *Le primat de l'au-tre en psychanalyse*. Paris: Flammarion, 1997 [1992], p. iii.

2 David Le Breton. "Le recours au corps en situation de souffrance chez les jeunes générations". In: Joyce Ain (org.). *Résonances. Entre corps et psyché*. Ramon-ville Saint-Agne: Érès, 2004.

3 Jean Laplanche. "La soi-disant pulsion de mort: Une pulsion sexuelle". Adolescence, n. 15, 1997; Jean Laplanche. "Le crime sexuel". In: *Sexual: La sexualité élargie au sens freudien. 2000-2006*. Coleção "Quadrige". Paris: Presses Universitaires de France, 2007.

próprio mesmo correndo o risco de perder-se. Voltarei ao tema. A experiência erótica traz consigo um poder de desestabilização, de estremecimento da organização tópica, uma vez que ela tem o poder de revelar ao sujeito forças inconscientes que estão nele mas que às vezes ele ignorava antes da experiência erótica propriamente dita.[4] Ele descobre, por exemplo, pelo encontro com o outro e, eventualmente, pela solicitação deste, que ele pode deixar levar-se por inclinações sádicas bem além do que ele mesmo se imaginava capaz; descoberta subjetiva da estranheza dentro de si.

Pode-se também formular o que se deixa conhecer minimamente como distúrbio, ou no máximo como verdadeira crise, de maneira mais metapsicológica. A pulsão sexual inconsciente é busca de excitação e obtém o seu poder desligamento que ela provoca. "Pulsão sexual de morte", para retomar aqui os termos cunhados por Laplanche.[5]

Se a pulsão sexual segue rumo desligamento, esta última desempenha um papel tendencialmente contra o Eu e o pré-consciente. Em outros termos: o gozo possui um poder de desestabilização da organização tópica, em particular da censura e das relações entre o inconsciente e o pré-consciente da primeira tópica, das relações entre o Isso e o Eu na segunda tópica.

Seria então possível colocar que, se a pulsão é busca de excitação sexual, sua trajetória não se interrompe no gozo. Ela o ultrapassa pelo abalo tópico que provoca, procurando, por conseguinte, em um segundo momento, uma reestruturação econômica de modo que ofereça ao aparelho psíquico uma certa estabilidade (mesmo que essa última repouse, a partir de então, em bases diferentes daquelas em que se sustentava anteriormente).

---

4 Georges Bataille. *L'érotisme*. Paris: Minuit, 1957.

5 Jean Laplanche. "La soi-disant pulsion de mort: Une pulsion sexuelle", op. cit.

Começaria aqui o segundo tempo da pulsão: a desestabilização econômica induzida pelo gozo convocaria um novo trabalho de ligação (para aceder à nova estabilidade em pauta), que pode levar a uma reestruturação tópica e a uma ampliação da subjetividade fundadas na integração da experiência (inédita) do corpo, no conjunto dos registros da sensibilidade. Esse segundo tempo da pulsão, levando a novas ligações, passa por um trabalho, por uma elaboração, melhor, pela "perlaboração" da experiência do corpo. Mas também pelo trabalho muito particular do pensamento que percorre a via onírica: "o trabalho do sonho".[6]

Desta feita, a pulsão agiria em dois tempos distintos: desligamento - ligação; gozo - trabalho; excitação - pensamento. A pulsão seria, de alguma maneira, bifásica, pulsátil: sístole (abalo), de uma parte; diástole (retomada ou reestruturação), de outra.

Essa pulsatilidade da pulsão não está indicada por Freud. A teoria da sedução de Jean Laplanche, contudo, segue essa mesma tendência: à mensagem enigmática do primeiro tempo da sedução (excitação), segue o segundo tempo da tradução (ligação). Os dois tempos da pulsão, que partem do inconsciente em direção ao objeto e retornam na sequência sobre o sujeito, levam ao reexame da fórmula "*wo Es war, soll Ich werden*". Onde havia Id, o Eu deve advir. O exame dessa formulação freudiana, sabemos todos, continua sendo objeto de grandes debates com interpretações e comentários divergentes. A interpretação convencional consiste em enxergar aí a ideia de uma suspensão do recalque decorrente da cura, o que permitiria ao Eu substituir progressivamente o Id, ou ainda que a consciência triunfe sobre o inconsciente.

O retorno do recalcado, específico da experiência erótica, ocorre, segundo o nosso ponto de vista, como revelação dolorosa

6 Christophe Dejours. *Le corps d'abord. Corps érotique, corps biologique et sens moral*. Paris: Payot, 2001.

e mesmo traumática para o Eu (em lugar de certa libertação ou alívio), que deixa o sujeito em situação de precariedade após a experiência crítica, situação que pode desencadear a angústia e a crise de identidade. A experiência do gozo erótico pode também, ao seguir por outra via, levar o sujeito à experiência trágica de uma decepção insustentável que sucede à cessação da excitação. Outra forma de experiência, se ocorrer de fato, torna-se exigência de trabalho para o psiquismo.

A pulsão apresenta, por conseguinte, em relação ao Eu, esse poder de intimar o aparelho psíquico para que este reorganize sua arquitetura interior a fim de poder então integrar a experiência erótica e ampliar assim a própria subjetividade.

Na fórmula freudiana, não se deve compreender uma simples cessação do recalque, assim como não se deve acreditar na substituição do Id pelo Eu, mas sim compreender como uma transformação do Eu por *ele mesmo*, sob o efeito de um pressão ou de uma irrupção do Id. Entre o Eu que advém e o Id que surge, há toda a espessura do trabalho, mais precisamente da elaboração ou da perlaboração, em outros termos, do pensamento *strito sensu*.

Admite-se assim que o pensamento seja efetivamente pulsional, pois está mobilizado pela própria pulsão que o implica em sua própria trajetória. Mas a pulsão não pensa. A pulsão é exigência de pensamento, ou exigência de trabalho, para retomar os termos de Freud. Não é a pulsão que pensa, mas o Eu. Desde que se considere o segundo tempo da pulsão, em outros termos, sua pulsatilidade, pode-se compreender como o corpo por inteiro – o corpo erógeno – é a origem do pensamento.

Precisemos, contudo, que nesta perspectiva o trabalho exigido pela pulsão nem sempre passa pela introjeção pulsional, no sentido dado a esse termo por Abraham e Török em seu vocabulário,[7] mas pode ainda significar, em determinadas circunstâncias, o sacrifício da pulsão (*Triebopfer*) ou a renúncia pulsional (*Triebverzicht*). Esse destino da pulsão vis-à-vis ao crescimento da subjetividade pode parecer paradoxal. Há no entanto situações para as quais o caminho de volta após a experiência erótica é pago com uma renúncia que, tanto quanto a busca pelo prazer, irrompe como exigência de trabalho. Pois a renúncia não é espontânea, trata-se também de uma conquista que passa por um trabalho. Talvez, neste caso, a renúncia (*Verzicht*) – que é necessário distinguir do recalque (*Verdrängung*) – seja a condição *sine qua non* da sublimação da pulsão. Renúncia ou sacrifício não implica aqui uma perda para a subjetividade, mas constitui, talvez ao contrário, uma via essencial para o surgimento do sujeito.[8]

As alterações do sentido íntimo e os limites da ideação

Tudo o que foi observado até o momento quanto às relações entre corpo, pensamento e trabalho está baseado nos "princípios" que foi por diversas vezes lembrada: a do poder de apercepção do corpo pelo sentido íntimo do esforço voluntário e sensível. baseada nos "princípios": isso significa que a discussão centrava-se nos processos que estão em causa no sentido íntimo e em suas alterações, e não nas manifestações sintomáticas, que são reunidas pela clínica. Vimos, nos capítulos 3 e 4 que, se atentarmos para a clínica ordinária, é necessário impor, à teoria do sentido íntimo e do esforço voluntário, remanejamentos para lhe ceder espaço –

7 Nicolas Abraham & Maria Török. *L'écorce du noyau*. Paris: Aubier-Flammarion, 1978.

8 Josef Ludin. "La création du sujet", "Documents et Débats". In: *Bulletin Intérieur de l'Association Psychanalytique de France*, n. 50, 1998.

na teoria do pensamento e da ideação – às distorções que lhe são imputadas em razão do modo afetivo fundamental, sob o qual o corpo pode revelar-se a si mesmo – a apercepção imediata –, é sensual e erótico, o que implica, em suma, que o pensamento, em seu princípio, seja indissociavelmente pensamento de um corpo que é um corpo erótico.

Distorção: sem dúvida é o termo que permite caracterizar o que a teoria do pensamento, em Maine de Biran, não abordou. Ou seja: as questões teóricas levantadas pelas patologias do pensamento.

No entanto, a distorção do pensamento, sendo ela pelo inconsciente, pressupõe de antemão o emprego do sentido íntimo e dos poderes do "esforço voluntário sensível"[b] em sua integridade. A distorção só começa no tempo da "tradutibilidade", no sentido oferecido por Laplanche, no tempo "reflexivo", no léxico de Maine de Biran, do pensamento.

Considerar as perturbações do pensamento – ou as patologias do pensamento – é dar um passo para além da ciência dos princípios: é abordar a questão das *alterações do sentido íntimo*.

Maine de Biran poderia ter observado essas perturbações em sua discussão com os neurologistas, notadamente nos trabalhos do abade Charles-Michel de l'Épée sobre os *surdos-mudos*, ou em sua interlocução com Bonnet sobre os doentes acometidos de *paralisia motora*.

Ele não evoca a possibilidade de alteração do sentido íntimo em um contexto no qual o sistema nervoso e a motricidade voluntária permanecem intactos. Maine de Biran jamais considera a possibilidade de uma ausência da apercepção. Por quê? Porque para ele a apercepção imediata é uma disposição anterior à constituição ou à apropriação do corpo. Ela é o meio, o instrumento da construção do segundo corpo. E se sobre esse ponto não há como não segui-lo, podemos lamentar que Maine de Biran jamais tenha considerado os efeitos retroativos sobre a própria apercepção, sobre o sentido íntimo, da "conquista aperceptiva do corpo" e de suas incompletudes.

Certamente, o "Eu-uno" conota o fato de que se as sensações nascem em um corpo em razão de modificações fisiológicas internas, ou por causa de estimulações exteriores, em outros termos: se sensações surgem no corpo e são efetivamente localizadas e específicas (o corpo fisiológico), isso não impede que a subjetividade seja afetada em sua totalidade (o segundo corpo), pois a aludida subjetividade permanece sempre una e inextinguível.

Se minhas mucosas nasais são estimuladas pelo perfume de uma flor, a subjetividade é toda transportada para o jardim de rosas, e o que se experimenta subjetivamente sobre o modo afetivo da felicidade, da nostalgia, do luto ou da exasperação, nada releva dos receptores sensoriais, mas diz respeito à apercepção da vida em si.

Frequentemente essa subjetividade una e inextinguível está assentada em uma base unificada do corpo erógeno, ou seja, daquilo que foi favorecido, no curso do desenvolvimento, da subversão libidinal. Ora, esse segundo corpo tem uma história. E acontece que essa última é chancelada por "acidentes" que mutilam a subjetividade de uma maneira tal que, diante de certos estados do corpo, essa subjetividade pode ficar inatingível. Para permanecer no exemplo que acaba de ser evocado, há corpos que não podem ser afetados pelo perfume das flores, e a fragrância floral não provoca nem alegria nem nostalgia, nada provoca. Nada além do frio, ou ainda a experiência dolorosa da sensibilidade que se perde, cedendo lugar ao vazio que se apossa do corpo. Dessa perda do corpo que se apresenta então como uma alteração do sentido íntimo, resultam efeitos muito particulares sobre a ideação e o pensamento: impasses da psicologia dos princípios.

O pensamento desencarnado

Ao se admitir a hipótese segundo a qual são os estados do corpo que geram todo pensamento, e que todo pensamento expressa, mesmo se no estado latente, uma experiência do corpo, toda experiência do vazio ou de frigidez, enquanto testemunha de um esvaecimento do corpo, deveria traduzir-se pela ausência de pensamento. É com frequência o caso em psicopatologias dos estados psicóticos e *borderlines*. Contudo, sabemos que formas de pensamento existem e que se apresentam sem afeto, como se, justamente, o corpo "não estivesse presente". E de fato, esses modos de pensamentos desencarnados soam falsos. Dão a impressão de inautenticidade. Encontramo-los precisamente em configurações psicológicas que se inscrevem na "normalidade", até mesmo na hipernormalidade: "personalidade *as if*", "pensamento operatório", pensamento que depende da desafeição ou aparenta-se à "discordância", "normopatia". Ora, essas formas de pensamento desencarnado correspondem efetivamente a um distanciamento do corpo. Encontramo-nos aqui diante de um paradoxo: um pensamento seguramente um tanto particular, mas um pensamento que assim mesmo parece bem separado do corpo. Esse pensamento seria possível no quadro teórico do primado do corpo na ideação?

As zonas excluídas do corpo erógeno, agenesia pulsional e "acidentes da sedução"

Para tentar responder à questão colocada ao final da última seção, é necessário voltar à genealogia do corpo erógeno, à subversão libidinal. Mas agora atentando aos fracassos dessa subversão, com os impasses do corpo a corpo entre a criança e o adulto, pois é aí, sem dúvida, que se encontra a origem do pensamento desencarnado.

A noção de subversão libidinal designa um processo que conduz à formação do corpo erógeno. Não se trata de um processo natural. Resulta da relação específica entre a criança e o adulto em torno dos cuidados do corpo. Mas a maneira como o adulto responde à demanda da criança nos jogos com o corpo depende da capacidade de brincar desse adulto. Esses jogos suscitam, neste último, reações diversas que estão estreitamente relacionadas com suas próprias fantasias e com a liberdade ou o desembaraço de que dispõe com o seu próprio corpo em função de sua organização psíquica. Alguns desses jogos, suscitados pela criança, provocam por vezes no adulto reações desproporcionais, incongruente com a situação. As mais preocupantes são aquelas que provocam a aversão e o ódio em relação ao corpo da criança (ou ainda aquelas que provocam um desencadeamento erótico, como insiste muito particularmente Jean Laplanche).[9] Ocorre, mesmo se de maneira não excepcional, que o adulto reaja com violência contra o corpo da criança e o espanque de modo selvagem, provocando nessa uma excitação que ultrapassa todas as suas possibilidades de ligação e a coloca em uma situação de traumatismo psíquico, ou seja, na *impossibilidade de pensar* o que está acontecendo no seu corpo. As consequências dessa perturbação são de duas ordens. De um lado, nesse mesmo corpo, a subversão libidinal está impedida, o que cristaliza uma forma de agenesia parcial do corpo erógeno. A agenesia do corpo erógeno não designa uma espécie de amputação anatômica ou topográfica do corpo erógeno, mas uma exclusão ou uma proscrição, e disso resulta uma inaptidão fundamental para desempenhar alguns registros eróticos do corpo, para se engajar alguns jogos eróticos. Por outro lado, a excitação desse registro

9 Jean Laplanche. "Inceste et théorie sexuelle". In: *Sexual: La sexualité élargie au sens freudien. 2000-2006*, op. cit.

erógeno do corpo, quando solicitado, não pode ser substituído por um trabalho do pensamento.

Para expressá-lo nos termos da teoria da sedução generalizada de Laplanche – que aqui está servindo de referência –, a mensagem do adulto não pode fazer jus a um trabalho de tradução. Não tanto, talvez, por ser o código de tradução falho, mas porque o trabalho de tradução seria barrado pelo comportamento do adulto. No centro dessa perturbação da troca criança - adulto, pode-se encontrar com frequência a intenção (inconsciente) de o adulto deter o pensamento da criança, ou seja, fantasias, a curiosidade, o desejo de compreender e de traduzir dessa criança.[10] Seriam eletivamente os conteúdos do pensamento, em processo iminente de ocorrência no espírito da criança, a manifestar o seu desejo de compreender e de traduzir as fantasias do adulto, que este último afugentaria e procuraria neutralizar. Para isso, ele sobrecarrega o aparelho psíquico da criança, provoca uma ruptura que paralisa o pensamento dela e, para realizar até o fim o tal intento, o mais usual é o repetir as cenas onde a agride ou, de modo menos usual, rompendo brutalmente seu contato com a criança: deixando-a, "como castigo", sozinha com o excesso de excitação decorrente. A criança, sufocada pelo que nela provoca o abandono, não pode pensar. Entre essas duas manobras, a diferença está na inexistência de uma surra e de violência praticada diretamente no corpo da criança.

No desenvolvimento posterior da criança, esse registro expressivo suprimido do corpo (erógeno), no qual a falta de erogeneidade e de capacidade de pensar cristalizou-se, manifesta-se de modo

10 Cf. "O caso Philippa". In: Christophe Dejours. *Recherches psychanalytiques sur le corps. Répression et subsversion en psychosomatique*. Paris, Payot, 1989; artigo incorporado in Christophe Dejours, *Les dissidences du corps. Répression et subsversion en psychosomatique*. Coleção "Petite Bibliothèque Payot". Paris: Payot, 2009.

particular por condutas específicas da criança. Quando, em seu relacionamento com o adulto, as trocas se aproximam da zona de perigo, a criança adota uma das duas seguintes posições: ao sentir se aproximar a crise do adulto, que é uma forma de descompensação psicopatológica, ela se torna aliada e terapeuta do adulto. Para esconjurar a crise, ele deixa de brincar e acalma o adulto. Essa aliança na recusa foi descrita por Denise Braunschweig e Michel Fain com o nome de "identificação com a mãe na comunidade da recusa".[11] A outra estratégia da criança consiste, ao se aproximar da zona de perigo, em seguir adiante e aliviar a excitação desestruturante (medo) que nela suscita a expectativa da iminência da crise, provocadora da violência do adulto, violência esta necessária para evacuar, aliviar o adulto de sua excitação. Isto porque, com frequência, após a crise, o adulto está mais sereno, e a comunicação pode ser retomada.

Essa hipótese da cristalização de registros frios, desprovidos de toda potencialidade erógena, no curso do desenvolvimento, leva ao reconhecimento de uma forma de sedimentação, de materialização, de estruturação funcional do corpo em resposta à história das relações criança - adulto. A história da subversão libidinal poderia, assim, ser decifrada sob a topografia funcional e expressiva do corpo erógeno. Consequentemente, as zonas excluídas da subversão libidinal seriam, impróprias para retirar sua participação no "agir expressivo". No sentido inverso, quando esse sujeito é solicitado, por exemplo, no encontro amoroso e no corpo a corpo, para brincar com esse repertório erótico inacessível, há o risco de se revelar justamente o que essa exclusão deixou como legado: uma vulnerabilidade eletiva ao aparecimento de uma doença somática que fustiga a função biológica excluída da subversão libidinal. Assim, é possível que, em certos casos de doença do corpo, o sintoma somático não atinja o corpo por acaso,

11 Denise Braunschweig & Michel Fain. *La nuit, le jour. Essai psychanalytique sur le fonctionnement mental*. Paris: Presses Universitaires de France, 1975.

mas eletivamente na zona de exclusão que propusemos caracterizar como "função excluída da subversão libidinal".

Contra o risco dessa descompensação particularmente deletéria, certos sujeitos defendem-se mediante diversas formas de frigidez.

O registro da utilização do corpo excluído do comércio intersubjetivo estaria assim vinculado ao fracasso de um processo de subversão direcionado para a *função* e não para o *órgão*. A noção de subversão libidinal procede de uma generalização teórica do conceito freudiano de apoio. O apoio,[c] diz Freud, é "apoio da pulsão sobre a função".[12] Na subversão libidinal, as funções são também convocadas de forma primordial. Os órgãos só se engajam na subversão libidinal estando a serviço de uma função e tão só enquanto servem, em razão disso, de zona erógena permitindo ao mesmo tempo o apoio e a subversão libidinal.

Os impasses do corpo erógeno

Em outras palavras: os impasses da relação criança - adulto nos jogos do corpo concretizam-se no fracasso da subversão de certas funções fisiológicas que permanecem sob o primado do fisiológico, por falta de terem sido suficientemente subvertidas em prol da expressividade libidinal, da intersubjetividade.

Chamo de "exclusão (ou proscrição) da função" fora da ordem erótica o fracasso da subversão libidinal de uma função biológica. Ela é clinicamente detectada pelas "paresias" do corpo ou pelas inaptidões, rigidez, inexpressividades, friezas, inflexibilidade e inibições do corpo no comércio intersubjetivo, tanto nas manifestações da sedução como da raiva, tanto da agressividade como da

---

12 Sigmund Freud. "Trois essais sur la théorie sexuelle". In: *Œuvres complètes*, tomo VI. Paris: Presses Universitaires 2006 [1905].

ternura ou da sensibilidade, tanto na motricidade como nas alterações do timbre da voz, tanto no estupor como no riso etc.

A relação com o outro, em particular o encontro erótico, mobiliza o corpo erógeno e o coloca em provação. A relação amorosa é sem dúvida aquela que vai mais longe na mobilização da afetividade, e isso porque essa relação chega precisamente até o corpo a corpo. Provação em verdade decisiva para a vida que se experimenta em si. No encontro erótico, estão mobilizados os registros *expressivos* e não apenas os registros afetivos. O encontro com o amante solicita gestos e não apenas afetos: carinhos, beijos, abraços e bem outros ainda. Mas o corpo engajado nesses gestos, nesses movimentos, nessas mímicas, nessas atitudes, composições, psicomotricidade, *habitus*, sussurros, tremores, nessas vozes, nesses gritos, certamente não é o corpo biológico que os organiza (salvo se se reduzir o inventário a um teclado etológico fixo e inato, cujas teclas seriam automaticamente acionadas por sinais). Os movimentos do corpo que conferem aos dizeres como aos silêncios seus acentos e tonalidades e, ao final, os seus sentidos, são acionados pelo corpo erógeno. Daí a introdução da noção do "*agir expressivo*", pelo qual propusemos designar as modalidades de mobilização do corpo com o objetivo de agir sobre o outro, de provocar nele tal ou qual outra emoção, tal ou qual desejo, tal ou qual contenção, tal ou qual medo.[13] Assim, as transações intersubjetivas passam por engajamentos corporais cuja mobilização só é possível no compasso ditado pela sensibilidade, pelas habilidades do corpo, ou seja, nos registros afetivos e expressivos herdados da subversão libidinal. Ali onde o corpo é impotente, em razão dos impasses encontrados pela subversão libidinal, o sujeito nada experimenta: a experiência pungente da subjetividade que se subtrai a si mesma e deixa em seu

13 Christophe Dejours. "La corporéité entre psychosomatique et sciences du vivant". In: Isabelle Billiard. *Somatisation, psychanalyse et sciences du vivant*, Paris, Eshel, 1994.

lugar a paralisia e, sobretudo, a frigidez, forma cardeal supressão da afetividade e da própria vida em si.

Diante desses registros do agir expressivo excluídos da troca erótica pela proscrição que mutilou o corpo erógeno da criança, encontramos assim uma espécie de "agenesia pulsional". Não haveria, por conseguinte, nesses locais onde se experimenta a experiência do vazio, um pensamento *stricto sensu*. A solicitação da zona muda ou proscrita gera não pensamento, mas sim angústia, sem representação e , o que é pior, a experiência terrível do vazio e da morte em si.

O pensamento de empréstimo

Para esconjurar o risco de uma experiência dessa ordem, alguns sujeitos preenchem o vazio preventivamente, com um pensamento que não é o seu: um pensamento convencional, por vezes reduzido a estereótipos, fórmulas indefinidamente reprisadas, conversa de botequim, ou então com um pensamento que, pelo contrário, tem todas as qualidades do rigor intelectual, do raciocínio bem estruturado, até mesmo com eficiência tecnológica e operacional, ou seja, um pensamento que, por ser sem carne, está também ao abrigo das armadilhas do inconsciente sexual recalcado e não comporta fantasia, nem sonho, nem devaneio, nem lapso, nem duplo sentido.

Pobre e estereotipado, prolixo ou tecnológico, esse pensamento é um *pensamento de empréstimo*. Ali onde a carne e a afetividade estão ausentes, o pensamento é inautêntico e na clínica dá-se essa tonalidade do pensamento "*as if*" e de personalidade de tipo *falso-self*.

O que sustenta o seu funcionamento, o que o coloca em movimento, não é o estado afetivo do corpo, não é a pulsão, uma vez que há agenesia pulsional, é o preenchimento do vazio. O apelo ao preenchimento não advém de uma mobilização do inconsciente recalcado, mas de outro setor do inconsciente, o setor clivado que suscita apenas um contrainvestimento, em bloco, com o objetivo de esconjurar o vazio. Ao certo, não se sabe se é o vazio (ou o medo do vazio) que constitui um apelo "compulsional"[14] do pensamento de empréstimo ou se o pensamento vindo do exterior – pelo imaginário social, pela educação, pelo ensino, pela mídia – tira proveito da ausência de pensamento para instalar-se na tópica.[15]

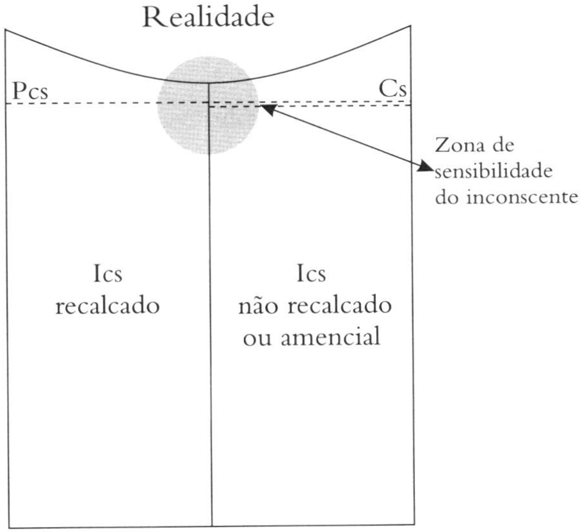

Figura 1 - Esquema da terceira tópica[16]

---

14 Compulsional opõe-se aqui a pulsional, no sentido em que a compulsão remete sobretudo à compulsão de repetição, ou seja, à pulsão de morte. Importante destacar que se trata, neste caso, da pulsão não sexual de morte, que é necessário distinguir da pulsão de morte, objeto das observações acima. Cf. Christophe Dejours. *Le corps d'abord*. Coleção "Petite Bibliothèque Payot". Paris: Payot, 2003, pp. 160-167.

15 Cf. a hipótese da terceira tópica in Christophe Dejours. *Le corps d'abord*, op. cit., pp. 83-125, 132-134, 188 e 192-196.

16 Cf. a hipótese da terceira tópica in Christophe Dejours. *Le corps d'abord*, op. cit.

"De empréstimo" ou "oportunista", ou mesmo "comensal", esse pensamento tem o mérito de dar a resposta e de esconjurar tanto a experiência do vazio como a descompensação patológica... às vezes por muito tempo, outras por toda uma vida.

Os dois inconscientes

Ao lado da via central da sedução generalizada descrita por Laplanche, outra via, marginal, pôde ser observada: a via que é aberta sob o efeito dos "acidentes da sedução".

Na via central, a mensagem do adulto comprometida por seu inconsciente solicita na criança um trabalho de tradução, sobre o qual sabemos que a forma explícita deixa em seu rastro um excedente, um resto, uma parte de implícito não traduzido que está no princípio do *recalque* e da formação do inconsciente sexual recalcado.

Na via marginal, a mensagem do adulto que toma um aspecto violento – o da passagem ao ato ou de uma reação excessiva – não permite qualquer tradução para a criança. Sua ideação entra em estado de paralisia por medo, por uma sobrecarga de excitação. Ausência de tradução, não pode haver nem resto não traduzido, nem formação de inconsciente. Em outras palavras, a irrupção da violência do adulto, que, *de facto*, interrompe a comunicação, provoca a abertura de uma via marginal que escapa ao caminho aberto pelo recalque.

No lugar do recalque, a proscrição (ou exclusão). No lugar da formação de um inconsciente sexual, forma-se um *inconsciente não recalcado*, ou inconsciente por proscrição, que propus nomear como "inconsciente amencial".[17] Laplanche, reservado quanto

17 Christophe Dejours. *Le corps d'abord*, op. cit., p. 91.

a essa denominação, propôs caracterizar esse inconsciente não recalcado pelo termo "inconsciente encravado".[18] Entre os dois inconscientes, formados segundo dois processos radicalmente heterogêneos, forma-se uma clivagem.

O inconsciente sexual recalcado volta sob a forma do que a teoria caracteriza como "o retorno do recalcado" (lapso, ato falho, fantasma, sonho, lembrança de cobertura, sintoma).

Os impasses do pensamento e a gênese da violência compulsiva (compulsão não sexual de morte)

O inconsciente amencial não retorna como o inconsciente sexual recalcado. Habitualmente ele é apenas recoberto superficialmente por um pensamento de empréstimo que não é um pensamento personalizado, ou subjetivo, na acepção de que não é produzido a partir do sentido íntimo e escapa, no essencial, à psicologia dos princípios.

O fato é que esse inconsciente, diferentemente do inconsciente recalcado, não retorna ao pensamento, ele não é transmitido pelo pensamento. Em dias ordinários, ele permanece silencioso, por conseguinte, sem modo de manifestação.

Quando o inconsciente amencial se manifesta, não é através do pensamento, mas pelo modo da *passagem ao ato*. Em realidade, a passagem ao ato é a consequência da desestabilização da clivagem e abre assim espaço a uma crise psicopatológica, ao que se chama

---

18 Jean Laplanche. "Trois acceptions du mot 'inconscient' dans le cadre de la théorie de la séduction généralisée". In: Sexual: *La sexualité élargie au sens freudien*. 2000-2006, op. cit.; para uma discussão sobre esses dois termos, cf. Francis Martens. "Apostille", em "Psychanalyse et science. Sur le zinc avec Karl Popper ou de l'inconvénient d'accommoder les fraises comme des échalottes". In: *Psychiatrie Française*, n. 37, 2006.

tecnicamente uma "*descompensação*". Nessa crise do pensamento (do pensamento de tradutibilidade e das ligações que participavam da coesão e da estabilidade do Eu), corre-se simplesmente o risco da desorganização. O Eu subsiste, em geral, pelos resíduos de pensamento, de sorte que, mesmo na alienação mental, porções e rudimentos do Eu, mesmo que fraturado ou desagregado, ele permanece, independentemente dos delírios, como já o apontava Royer-Collard a Maine de Biran, quando este último afirmava que, na alienação mental, o Eu estava totalmente abolido.[19]

O delírio não é apenas uma desorganização do pensamento. Com o que resta do Eu, o delírio testemunha uma tentativa de pensar essa experiência corporal extraordinária que é a erupção amencial.

Ao contrário, quando a clivagem resiste à erupção amencial, encontramos então duas modalidades de pensamento que coexistem independentemente: de um lado, o pensamento subjetivo, de outro, um pensamento de empréstimo, impessoal.

Esse pensamento de empréstimo recupera / assume, com frequência, os estereótipos fornecidos pelo meio ambiente social e pela moda. Pode também revestir os hábitos do imaginário social e ter assim uma forma aparentemente mais organizada. Esse pensamento de empréstimo vem preencher o vazio deixado pelo que foi proscrito do corpo, uma vez que não foi alcançado pelo sentido íntimo e manuseado pelo pensamento de tradução. Esse pensamento de empréstimo, pois, por si só bastar para confinar o inconsciente amencial e assegurar a perenidade da clivagem?

No atual estágio de minhas pesquisas clínicas, não estou em condições de fornecer uma resposta segura a essa questão. Existem, de fato, numerosos casos para os quais, de toda evidência, o

19 Antoine-Athanase Royer-Collard. "Abrégé de la doctrine contenue dans le Mé-moire de M. Maine de Biran. Difficultés et obscurités qu'elle me paraît offrir". In: *Maine de Biran, Œuvres*, tomo IX, apêndice XIV. Paris: Vrin, 1990 [1821].

pensamento de empréstimo não é o único responsável pela manutenção da clivagem: o inconsciente amencial encontra escoamentos específicos, isso sem o conhecimento do Eu, ou seja, sem pensamento e sem participação do pré-consciente. Algo está em jogo, no entanto, mas como se o Eu pudesse continuar a funcionar sem a necessidade de pensá-lo.

Anteriormente que a modalidade típica de manifestação do inconsciente amencial está na passagem ao ato. É tempo, agora, de precisar suas características.

A hipótese poderia ser formulada da seguinte maneira: o inconsciente amencial seria a resultante da proscrição do pensamento pela violência do adulto contra os esforços motores e de tradução da criança. A violência do adulto provém de uma reação cuja origem está em seu inconsciente. Quaisquer que sejam esses conteúdos inconscientes, o resultado da violência seria a "*proscrição*" do pensamento na criança. Seu efeito seria antes de tudo devastador para o corpo e para a subjetividade da criança que está à procura de si mesma, o que certamente impediria a constituição do amor por seu próprio corpo. Os registros motores e afetivos proscritos, quando ativados no momento do encontro com o outro, fazem então surgir o risco de nada experimentar em seu corpo, ou ainda de fazer a experiência da morte em si. Essa parte inerte e frígida de si poderia ser uma reação de angústia (em razão da crise que surge concomitantemente dentro do Eu) e de violências compulsivas, orientadas para a destruição de si: *compulsão de autodestruição*, tal seria a forma fundamental sob a qual o inconsciente amencial se manifestaria no sujeito.

A clínica, sobre a qual tentei considerar alhures, sugere que a compulsão de autodestruição tem por objetivo principal dar cabo dessa ameaça interna para a subjetividade. Assim, ela pode conduzir a gestos de automutilação para desvencilhar o Eu dessa ameaça interna que não é acessível a qualquer manejo pelo pensamento, nem pelo esforço.

A compulsão descontrolada pode levar ao suicídio, aqui desejado como libertação desse horror insustentável ocasionado pelo naufrágio e pela queda interminável no vazio (cf. capítulo 6).

Em outras situações, nas quais apenas alguns sujeitos são capazes, é possível opor-se ao desencadeamento da violência autodestruidora e de, alguma maneira, canalizar o fluxo. Isso passa por manobras de automutilação e escarificação bem descritas por Le Breton,[20] chegando ao extremo de suspender do corpo em ganchos de açougue introduzidos na camada cutânea ou muscular: a automutilação "temperada" traz de volta a sensação de vida no corpo. A dor permite ao sujeito reencontrar seu corpo, retomar contato com o seu corpo e sentir então como que um alívio, uma reconciliação consigo mesmo.

A forma principal da angústia desencadeada pela erupção amencial seria a angústia de "queda no abismo",[d] angústia de uma queda inexorável e sem fim no precipício, como se o chão mesmo da subjetividade – o corpo erótico – se abrisse por baixo dos pés para dar curso a uma queda no vazio.

Compulsão de autodestruição para desvencilhar a subjetividade da ameaça de queda no vácuo, tal seria, em suma, a forma primordial da manifestação do inconsciente amencial (erupção amencial).

Parece-me que o que Freud descreve sob o título de pulsão de morte seria, *in statu nasciendi*, essa compulsão de autodestruição, legada pelos acidentes da sedução da criança pelo adulto. Compulsão que transmite, de modo, bastante sinistro, o que, no

---

20 David Le Breton. "Le recours au corps en situation de souffrance chez les jeunes générations". In: Joyce Ain (org.). *Résonances. Entre corps et psyché.* Ramon-ville Saint-Agne: Érès, 2004.

inconsciente do adulto, mobilizava outrora sua loucura contra o corpo da criança.

Em outros termos: o que a psicologia dos princípios de Maine de Biran abre como possibilidade extraordinária de revelação do corpo poderia ser amputado do que, na comunicação entre a criança e o adulto, está bloqueado pelas ações violentas cometidas pelo adulto contra o corpo da criança. Deve-se acrescentar ainda, no lugar dos registros expressivos não desenvolvidos, a ameaça dos movimentos de ódio voltados contra o corpo.

Parece-me razoável admitir que na maioria dos seres humanos ocorra, no curso de seu desenvolvimento infantil, "acidentes da sedução" e que assim, na maioria dos seres humanos, há espaço para uma parte de inconsciente amencial e para a compulsão de autodestruição ou para seus equivalentes que são as diferentes formas psicopatológicas recapituladas no livro *Primeiro o corpo*.

Notas do tradutor

a Cf. nota do tradutor g do Capítulo 2, p. 74.

b "Effort volontaire sentant", no original.

6. Entre pulsão e compulsão[1]

Para a vida subjetiva, a proximidade da morte é uma situação extrema à condição de que essa proximidade seja percebida afetivamente, ou seja, com um corpo capaz de sentir essa proximidade. Não reconhecida como tal, essa vizinhança com a morte não é ordinária nem extraordinária. Ela simplesmente ocorre...

Na vida comum, a transação com a morte é menos rara do que deixa transparecer a "encenação da vida cotidiana". À sombra da "apresentação de si",[2] no espaço íntimo, a morte mostra a sua cara e é bastante ameaçadora.

Antes exclusivas do clínico, as formas íntimas da transação com a morte começam a ter contato também com a análise de certos sociólogos que se interessam especificamente pelo corpo e que, como retorno, interpelam os clínicos com questões, às vezes um tanto embaraçosas – David Le Breton. Permanecerei,

1 Na essência, este capítulo retoma um texto publicado no livro organizado por François Pommier. *Figures ordinaires de l'extrême*. Rouen-Le Havre: Presses des Universités de Rouen et du Havre, 2009, pp. 151-163.

2 Erving Goffman. *Mise en scène de la vie quotidienne*, tomo I, "La Présentation de soi". Paris: Minuit, 1973.

contudo, no campo da psicanálise, uma vez que nesta esfera surgem problemas clínicos e teóricos mal balizados, dos quais eu gostaria de apresentar apenas uma pequena amostra. Para precisar o meu objetivo, proporei uma caricatura de duas situações típicas de transação com a morte que me parecem de grande interesse, uma vez que a clínica, a cada dia, traz novas interpelações. Na primeira situação, trata-se de uma exaltação da sexualidade, na qual em uma ascensão desconcertada, a excitação sai em busca de um ápice no qual encontrará a morte. Na segunda trata-se, ao contrário, para dar um basta ao horror de uma queda terrível no não ser, a morte então aparece como liberação. Nos dois casos, o sujeito açodado, sai em busca da morte. No primeiro caso é para gozar; no segundo, para liberar-se. Nem sempre é simples distinguir uma situação da outra.

O jogo com a morte como ápice do sexual

No que segue exposto, eis o que entendo por sexual: "O termo "sexual" qualifica toda atividade exercida ou sofrida com a intenção de intensificar no corpo os efeitos sensuais da excitação".

Um paciente me foi encaminhado por um colega. Trabalha como profissional da moda e conhece um certo sucesso profissional já há alguns anos. Uma noite ele encontra um jovem de sua idade. Leva-o até sua casa e sente crescer o desejo de uma relação sexual, que progressivamente o toma. O outro consente, mas no último momento o ato não se concretiza: o parceiro, explica, não consegue manter uma ereção satisfatória com o uso de preservativo. O paciente não suporta esperar por mais tempo, deseja a qualquer preço ser sodomizado e autoriza-o a penetrá-lo sem preservativo. Foi quando se contaminou. Hoje segue um tratamento contra a aids.

Um paciente de Stoller, de nome Dan, testemunha:

> *Tenho uma história engraçada, na qual acontece uma coisa similar com uma mulher. Li que uma amante havia pregado o cacete de um cara numa tábua, pela glande. Eu então me disse: "Caraca, não pensei que fosse possível. Será que eu sou capaz de fazer isso?" Isso me deixou completamente eletrizado. "Tenho que tentar!" Meu procedimento de esterilização dos instrumentos foi realmente rudimentar. Eu escolhi um prego, o fervi em uma panela de água, o que, soube posteriormente, é totalmente ineficaz. (Mas tive sorte, ufa!) Encontrei um pedaço de madeira. Coloquei meu cacete na prancha, peguei um martelo e fixei o prego no cacete, enfiando-o um tanto assim. No último instante, desacelerei um pouco o movimento, antes que o martelo acertasse de cheio a cabeça do prego. Então o prego a transfixou [a glande], mesmo se não estivesse ainda bem fixada na prancha. Vamos lá, uma marretada a mais! E o golpe pegou ao lado do prego, batendo com toda força no meu cacete, exatamente como quando se erra uma martelada que golpeia de cheio o polegar. Em alguns segundos, o troço começou a inchar: ficou todo vermelho, depois preto, dobrou de tamanho. Disse-me então: "Merda. O prego agora está fixado na prancha!". Peguei então da torquês e puxei o prego da madeira, mas o prego permanecia atravessado na minha piroca; eu tinha de dar um jeito, tirar isso de qualquer maneira; e, evidentemente, sangrou horas a fio, uma quantidade enorme de sangue. Eu me disse: "Meu Deus!". E ainda por cima eu estava de pau duro. E sangrava.*
>
> *[...]*

> *O que a gente faz quando eu transo com Pam: ela fica por cima, eu por baixo, ela me estrangula, geralmente com a cinta de uma saída de banho de veludo macio: a sensação é mais agradável, a cinta não machuca, não deixa marca, ela é larga o suficiente para que não me machuque. Ela não aperta com brutalidade ou violência, é apenas uma pressão macia, delicada, durante alguns segundos, no ritmo da transa. Isso permite um afluxo intenso de sangue no cérebro, e fico com a cara toda vermelha. A respiração se torna mais difícil, mas posso ainda respirar, e age diretamente sobre os órgãos genitais. Fico com uma tremenda... as ereções são bem mais potentes, mais fortes e os orgasmos muito mais intensos. Transas por estrangulamento; a gente praticou inúmeras, geralmente quando ela tinha o desejo de dominar.*
>
> *[...]*
>
> *Gosto muito de levar um pouco além de certos limites. Excita. O problema com o sadomasoquismo (SM) é que sempre há gente disposta a elevar os limites e que alguns não sabem controlar isso: estupros de crianças, estupros conjugais, o estrangulador de Hillside (evento ocorrido em Los Angeles, que ocupou recentemente as páginas policiais mundo afora). Nós [a comunidade SM] mantemos um acordo entre nós, um certo limite geral que não podemos extrapolar.*[3]

O problema aqui está bem colocado. No ápice da excitação, corre-se o risco de ir longe demais e de morrer. Encontramos essa configuração na embriaguez, sob todas as formas, mas talvez modo

3 Robert Stoller. "X S M". *Nouvelle Revue de Psychanalyse*, n. 43, 1991.

mais patético na embriaguez das profundezas, como o mostra Luc Besson em seu filme "Le grand bleu",[a] onde o herói dos concursos de apneia termina deixando-se levar para sempre nas delícias da grande viagem com os golfinhos. A mesma coisa pode ser observada com a embriaguez da altitude, que inebria certos alpinistas: abandonar-se à confusão mental da hipoxia, não mais encontrar o caminho de volta das neves eternas.

Tudo o que move aqui o sujeito rumo à sua própria morte não é nada além da embriaguez de uma excitação sempre em busca de seu aumento.

Eis o que escreve Laplanche:

1. O suposto combate original entre pulsão de vida e pulsão de morte não é absolutamente uma oposição biológica existente no ser vivo, nem, por conseguinte, pertinente às ciências biológicas.

2. Essa oposição situa-se única e totalmente no domínio do ser humano: e isso, não como uma diferença entre a sexualidade e uma agressividade não sexual, mas no seio da própria sexualidade. Se devêssemos conservar as denominações freudianas, seria o caso acrescentar o adjetivo "sexual". O seja: pulsão sexual de morte *versus* pulsão sexual de vida.

3. Mais do que a duas forças biológicas hipotéticas, essa oposição concerne a dois tipos distintos de funcionamento na vida de fantasia do homem: o processo vinculado (secundário) e o processo não vinculado (primário); ou para melhor expressá-lo: o princípio de vinculação que será regulador para as pulsões sexuais de vida e o princípio de desagregação, que ganha autoridade para as pulsões sexuais de morte.[4]

---

4 Jean Laplanche. *Entre séduction et inspiration: L'homme*. Paris: Presses Universitaires de France, 1999, p. 190.

Nessa primeira configuração, o extremo da morte está no desfecho da pulsão sexual.

A morte como escapatória à queda

A segunda configuração da, relação com a morte, parece, de saída, bem diferente, senão oposta. Pode-se mesmo dizer que aqui a morte não está no desfecho da *pulsão*, mas no desfecho da compulsão. Encontramos, nesses casos, a ideia defendida por François Pommier em seu texto "Gérard ou l'incoercibilité de la pulsion".[5]

Trata-se de um paciente com um histórico de vários anos de análise. Senhor Desroches é acometido por crises de angústia paroxísticas. Esses episódios de angústia, ele os sente chegar. São anunciados por sinais abdominais. Fica a impressão de esvaziar-se de sua própria substância. A crise de ansiedade é terrível e toma a forma de um *raptus*. Ele distingue com clareza a sua angústia, ou mesmo as angústias habituais, e os *raptus* que nada de comum têm com as primeiras, mesmo se acontece de as angústias hipocondríacas, por vezes, degenerarem. Progressivamente, ele não suporta mais o barulho. Uma espécie de hiperestesia generalizada. O barulho da vizinhança, em particular, o deixa louco. Ele perde a capacidade de raciocínio. O *vazio* toma conta de seu corpo.

Chega então a queda. Uma impressão de abismo sem fim, medonho, no qual se cai sem que essa queda tenha um fim.

Este tipo de angústia é como uma angústia de queda no abismo,[b] ou seja, de "perder a sustentação e desabar durante uma escalada de uma parede rochosa", uma expressão do alpinismo. Desabar, o chão desaparecer sob os pés, a queda. Nada pode ser comparado a essa angústia. Ela é absolutamente intolerável. O pensamento se

5 François Pommier. *L'extrême en psychanalyse*. Paris: Éditions Campagne Première, 2008, pp. 17-23.

desorganiza, as sensações tornam-se anárquicas. A angústia de queda no abismo leva de imediato a um quadro de confusão mental, de *amência*, no sentido dado a esse termo por Meynert, que cita Freud.

Esta angústia é tão intolerável que leva o paciente, irresistivelmente, para o gesto suicidário. Matar-se é a única solução para dar um basta neste estado. Por duas vezes ele ingeriu todos os seus medicamentos e foi hospitalizado, sem consequências mais graves.

O mais preocupante, no entanto, há ainda de aparecer: as janelas. Quando se aproxima muito, sente que os pródromos da angústia da queda no abismo reaparecem, fica cada vez mais sujeito a um *raptus*, sente subir à cabeça uma vontade incontornável de se lançar janela abaixo.

Como entender o que leva, nesse caso, o paciente rumo à morte? Não é para gozar, é para libertar-se. Libertar-se de quê? Meu ponto de vista seria o de que o intolerável aqui consistiria justamente em ter de submeter-se ao horror de estar *em um corpo deserdado do poder de se sentir a si próprio*, condenado à experiência terrível da subjetividade que se esvai, a ser levado em uma queda para dentro de um corpo sem pulsão.

Transformar a queda em ascensão

Essas duas situações típicas que acabam de ser evocadas podem ser opostas: na primeira, a exaltação, o furor da excitação em busca dos ápices onde ronda morte são da alçada propriamente da pulsão: *pulsão sexual* de morte. O sexual é aqui o agente.

Na segunda situação, é a *falta* de sexual que está em causa. Há aqui, pelo contrário, a experiência da frigidez do corpo, ali onde se processa o encontro terrível com o corpo sem pulsão. No lugar, o risco de um surto levando rumo à morte como uma libertação. Não pulsão, mas compulsão: "*compulsão não sexual* de morte".

Dois quadros que tudo os opõe. A dificuldade se encontra no fato de existir, ao que parece, uma possibilidade de transformar a queda em ascensão, que faz surgir, entre pulsão sexual e compulsão não sexual, um terceiro personagem metapsicológico: a *coexcitação sexual*.

Diante da imensidão da crise de angústia de queda no vazio que anuncia a descompensação, alguns pacientes chegam *in extremis* a evitar o *raptus* suicidário, escolhendo uma vítima sobre a qual se precipitam. A violência resultante dessa erotização, fazendo com que reapareça a sensação de vida no corpo, transforma-se em uma embriaguez do assassinato ou do estupro.

Eis um excerto do diário escrito pelo assassino dos oito conselheiros municipais da cidade de Nanterre, em 2002:

> *Mamãe, há muito tempo que eu já deveria estar morto. Não sei fazer nada na vida. Nem mesmo morrer sem praticar o mal. Capitulei, já há um bom tempo. Eu queria amar, aprender a trabalhar, aprender a lutar pelas pessoas e coisas de que gosto. Eu queria ser livre. Mas tenho uma mentalidade de escravo e de fraco. Eu me sinto tão sujo. Já há muitos anos, desde sempre, na verdade eu nunca vivi. Exagerei na masturbação, no sentido próprio como no sentido figurado. Eu estou mesmo lascado. Não tenho nem passado nem futuro. Não sei viver o instante presente. Meu corpo se dilacera, pois eu não me respeito, eu não gosto de mim [...]. Como um cara covarde, egoísta e tão fechado, não mereço viver. Mas eu tenho de morrer pelo menos me sentindo livre e curtindo a vida. Por isso é que devo matar as pessoas.*

> *Uma vez na vida sentirei um orgasmo. Sentirei o sentimento de potência de ser alguém. Viver é assumir as suas responsabilidades...*[6]

Stoller, de sua parte, oferece interessantes detalhes: o paciente da prancha e do prego, cuja experiência foi transcrita anteriormente – Dan –, estava acometido de fibrose cística, ou seja, de mucoviscidose.

> *Dores abdominais, isso é algo verdadeiramente importante na fibrose cística. É o que dói nesta doença. Dores de barriga terríveis, por conta da má digestão. Desde muito cedo, percebi que se eu esfregasse a barriga (mais tarde passei a usar lençóis para fazer isso), aliviava bastante as dores. Tornou-se muito rápido masturbação. Desde minha infância mais remota, sempre convivi com isso. Depois, durante todos os anos da escola primária, as dores abdominais foram o principal problema, ainda mais importantes que os problemas respiratórios, que se amenizaram. Tive muitas pneumonias, quando eu era bem novo - menos durante o primário, mais para o final da adolescência e também hoje, na casa dos trinta anos. E essas dores de barriga, com suas cólicas terríveis. Eu me contorcia de dores. Segurava a barriga para conseguir andar, uma tortura que aumentava gradualmente, uma dor surda que durava dias sem qualquer trégua. Chegava sem aviso e durava dias, como se houvesse alguém aqui dentro, agarrando-se a um puxador soldado às minhas entranhas para sacolejar-me por inteiro, sem piedade. Depois parava.*
>
> *[...]*

6 *Le Monde*, 10 de abril de 2002, p. 12.

> *Quando eu estava em casa, na cama, eu apertava o travesseiro contra a barriga. Desde a idade de seis ou sete anos; eu segurava o travesseiro, o amassava todo, apertava-o com toda a força contra a minha barriga. Deitava de barriga para baixo, o travesseiro apertado contra o corpo. Ficava assim enfiado na cama, balançando. E eu transava com a cama para aliviar a dor, o que passou a ser uma sensação sexual no pênis.*
>
> *Comecei então a masturbar-me. Não me lembro quando comecei com as ereções fazendo isso para driblar as dores, seis ou sete anos, não me lembro exatamente. Lembro-me, contudo, que eu acalmava as dores de barriga esfregando o pênis. A partir do momento em que eu começava a me balançar, as coisas se acalmavam. Fazia-me esquecer a dor. [No curso dos anos,] tornou-se cada vez mais uma sensação sexual, eu tinha ereções, eram masturbações de fato, a dor desaparecia por completo. Era o prazer da masturbação. Quando eu ejaculava, era a dor que escorria. A dor era substituída pelo prazer sexual.*

Eu também mencionei anteriormente que alguns sociólogos, por seu turno, começavam a explorar com seus meios específicos esses problemas clínicos. David Le Breton é o que vai mais longe:

> *A confrontação nos limites que nos interessam aqui não é de maneira alguma uma vontade dissimulada de perecer; é, ao inverso, uma vontade de enfim poder viver, de se desobstruir da morte que está colada na pele para justamente salvar sua pele. Com certeza, ele parte aqui de uma ambivalência. A busca de si leva a vias tortuosas que podem conduzir à morte. Para dar à luz*

> *a si mesmo, é importante às vezes correr o risco de se perder, não por escolha, mas por necessidade interior, em resposta ao sofrimento, à separação, aos tormentos da existência. Em seus comportamentos, trata-se de zombar da morte ou da dor para produzir um sentido de economia pessoal. Mas não se pode ter medo de queimaduras. Por vezes, é ao atingir o pior que se torna possível aceder a uma versão de si enfim apaziguada. Tentativa muito mais de viver do que de morrer.*[7]

Extremo e temperança na vida ordinária

> *Sem dúvida traria uma sensação de segurança eliminar a questão levantada por aqueles que atentam contra os seus corpos taxando essa doença simplesmente de loucura, mas é impossível não enxergar que uma imensa maioria dos que assim procedem oferecem nada menos do que todas as aparências de uma integração social sem qualquer problema.*[8]

O problema aqui está no fato de a possibilidade de transformação da queda em ascensão é concretamente possível. Essa possibilidade embaralha as pistas e torna a investigação clínica mais complicada do que o habitual. As consequências, no plano praxiológico, são bastante críticas: a depender se a transação com a morte está subordinada ao sexual apenas ou se procede no início da

7 David Le Breton. "Le recours au corps en situation de souffrance chez les jeunes générations". In: Joyce Ain (org.). *Résonances. Entre corps et psyché*: Ramonville Saint-Agne, Érès, 2004, p. 106.

8 Idem.

angústia da queda no vazio, não se deve trabalhar, em cada um dos casos, da mesma maneira. Não falarei desse último ponto, pois seria necessário dedicar-lhe todo um tratado. Ficarei limitado a considerar somente o problema metapsicológico.

Como explicar essa possibilidade de transformar a queda em ascensão, o pânico do vazio em gozo? A única possibilidade, ao que me parece, é a de invocar aqui a noção de *coexcitação sexual*. Esse termo não foi adotado por Laplanche e Pontalis para constar do *Vocabulário da psicanálise*. Essa noção implica abrir espaço, na metapsicologia, ao que eu chamaria de "os poderes do corpo". "[...] o que pode o corpo, ninguém até o presente o determinou [...]", escreveu Spinoza.[9] O que ele objetivava com esse aforismo não alcança certamente o que hoje tento sugerir ao invocar a habilitação da coexcitação sexual como conceito pleno da metapsicologia. Eis o que escrevia Freud a esse propósito:

> *Afirmei nos Três ensaios sobre a teoria da sexualidade, precisamente na seção sobre as fontes da sexualidade infantil, que a excitação sexual produz-se como efeito marginal em toda uma série de processos interiores, a partir do instante em que a intensidade desses processos ultrapasse certos limites quantitativos. Mais ainda: talvez nada de importante ocorresse no organismo sem transferir uma parcela para a excitação da pulsão sexual. Consequentemente, a excitação decorrente da dor e do desprazer deveria seguir essa mesma trajetória. Esta coexcitação libidinal no momento da tensão da dor e do desprazer seria um mecanismo fisiológico infantil que, mais tarde, se esgota. Ela encontraria nas diferentes constituições um desenvolvimento diversamente importante a municiar o fundamento fisiológico*

9 Baruch Spinoza. *Éthique* (1677), livre III, proposition 2, scolie.

> *sobre o qual é posteriormente edificado no psiquismo o masoquismo erógeno.*[10]

A coexcitação sexual parece, à luz dessa clínica, constituir uma fonte ilimitada para a crueldade. As situações observadas são da categoria do extremo, é o que atesta a vizinhança privilegiada da morte. Mas podemos considerar essas situações como comuns? É aí que reside a dificuldade de análise. E eu não estou seguro desta minha conclusão.

Se as soluções que são a exaltação do masoquismo, a autólise e o assassinato não podem ser consideradas meramente ordinárias, em contrapartida os problemas subjacentes a essas descompensações nada têm de excepcional e integram o dia a dia da vida ordinária: as dores, tais como na mucoviscidose, o terrível sofrimento da vida que se esvai do corpo como na angústia do mergulho no vazio participam da clínica ordinária.

Aparece então, de maneira inevitável, a questão seguinte: por que a coexcitação sexual não transforma *todas* essas configurações ordinárias da clínica em situações extremas?

É provavelmente porque à coexcitação sexual podem, por vezes, opor-se forças contrárias.

Mas então quais são essas tais forças contrárias? Ao que sei, existem duas dessas forças.

A primeira é a impossibilidade, para alguns sujeitos, de ceder ante a embriaguez da excitação. Essa impossibilidade concretiza-se repentinamente por uma *crise somática*, que quebra o seu arrebatamento: infarto do miocárdio, hemorragia cerebral, crise de epilepsia etc., a lista dos acidentes somáticos é ilimitada. Assim alguns

---

10 Sigmund Freud. "Le problème économique du masochisme". In: *Névrose, psychose et perversion*. Paris: Presses Universitaires de France, 1973 [1924], p. 290.[c]

sujeitos não podem deixar-se levar pela embriaguez da coexcitação sexual, porque simplesmente é possível que se trate de um exercício capaz de levar à morte. E é um fracasso trágico.

A outra força contrária à coexcitação sexual, deve-se buscá-la longe: *no amor*. Importa contudo precisar o que arrola esta última noção, pois se trata de algo realmente complicado. O amor, segundo Laplanche, é uma liga constituída de três componentes: pelo sexual, inicialmente; pelo apego, na sequência; por fim, pelo narcisismo.

O componente que nos importa aqui é o do narcisismo. Aí também importa poder precisar o que se entende por narcisismo, visto a natureza polissêmica que tomou conta dessa palavra. Em virtude de argumentos que não posso desenvolver aqui, o que no narcisismo seria decisivo o fato de ele repousar no *amor de si*. O amor de si do Eu.

O amor de si é, por um lado, o investimento libidinal do Eu e do corpo – o que se chama de narcisismo secundário –, por outro, os interesses do Eu, ou seja, aquilo que da autoconservação está substituído pelo Eu como preocupação de proteção de si. O amor de si – o narcisismo – é sem dúvida o mais importante entre os três componentes do amor. Pois, para amar, ou seja, para poder combinar os três componentes, *é necessário, de início, amar-se a si mesmo.*

Todas as situações que evoquei – meu paciente que se deixa inocular com o HIV; Dan, o paciente de Stoller; o senhor Desroches, que deseja se jogar pela janela; o assassino de Nanterre; os adolescentes de David Le Breton –, todas as situações têm esse ponto comum do sofrimento de uma perturbação profunda do amor de si.

A descompensação somática e o amor seriam assim as forças contrárias capazes de limitar o poder extraordinário da coexcitação libidinal. Mas é forçoso reconhecer também, ao termo deste percurso um tanto simplificado, que o amor não caracteriza a vida ordinária dos humanos. O *desejo* de amar e de ser amado é ordinário. Mas o amor que se realiza depende muito do incomum. Se assim for, deve-se admitir então que o gozo do extremo, enquanto ele está exposto de forma sub-reptícia nas *falhas do amor de si*, é provavelmente mais comum que a satisfação "bem temperada" – do *Wohltemperierte* – visto estar esta subdistendida pelo amor de si da vida.

Citarei, para terminar, excertos de uma conferência da Jacques Derrida. Mesmo se não o sigo até as conclusões desta sua argumentação, eu o citarei porque ele é capaz de, acredito, cutucar a ferida justamente ali onde estou tentando, à minha maneira, encaminhar esta discussão. Melhor: ele é capaz de remexer o dedo na ferida daquilo que estou tentando dizer.

> *Se digo agora, olhando-o mas sem destinatário identificado: "Sim, sofro cruelmente", ou "fazem com que você sofra ou deixam-no sofrer cruelmente", ou ainda "você faz com que ela sofra ou você a deixa sofrer cruelmente", mais ainda "eu me deixo sofrer cruelmente ou eu me deixo fazer sofrer", bem, todas essas variações gramaticais ou semânticas, essas diferenciações entre fazer sofrer, deixar sofrer, deixar fazer sofrer etc., essas mudanças de pessoas – poderia haver outras mais, no singular ou no plural, no masculino ou no feminino, "a gente", "nós", "vocês", "ele(s)", "ela(s)" –, essas passagens para formas mais reflexivas ("eu me faço ou*

eu me deixo sofrer cruelmente", "você se faz, você se deixa sofrer cruelmente" etc.), todas essas modificações possíveis deixam um advérbio intacto, invariância que parece, de uma vez por todas, qualificar o sofrimento, a saber a crueldade: "cruelmente".

Se há algo de irredutível na vida do ser vivo, na alma, na psique [...] e se essa coisa irredutível na vida do ser animado é bem a possibilidade da crueldade (a pulsão, ou se preferirem, o mal pelo mal, um sofrimento que brincaria de gozar no sofrimento, em um fazer sofrer ou em um deixar-se fazer sofrer por prazer), então nenhum outro discurso – teológico, metafísico, genético, fisicalista, cognitivista etc. – seria capaz de dar acolhimento a essa hipótese. Todos são talhados para reduzila, excluí-la, privá-la de sentido. O único discurso hoje capaz de reivindicar a coisa da crueldade psíquica como matéria sua seria bem o que se nomeia, já há mais ou menos um século, a psicanálise.

A psicanálise, para mim, se vocês me permitem outra confidência mais, seria o outro nome do "sem álibi". A confissão de um "sem álibi". Se isso fosse possível. Seria, de qualquer maneira, aquilo sem o que não se pode examinar seriamente algo como a crueldade psíquica, por conseguinte uma especificidade psíquica, e algo como a única relação para si mesmo dessa crueldade, antes de tudo saber, antes de toda teoria ou de toda prática, antes mesmo de toda terapêutica. Em toda parte onde uma questão do sofrer por sofrer, de fazer ou de deixar fazer o mal pelo mal, em toda parte, enfim, onde a questão do mal radical, ou de um mal ainda pior que o mal radical não seria mais abandonada à religião ou à metafísica, nenhum outro saber estaria pronto para se interessar por algo como a crueldade – salvo o que se nomeia a psicanálise.[11]

O texto de Derrida reúne sob um único termo – a crueldade – as diferentes configurações entre as quais algumas dizem respeito pulsão *sexual* de morte, outras à compulsão *não sexual* de morte. Com isso, ele confirma a dificuldade de diferenciar em detalhe, com base na clínica, as situações que dependem de duas ordens bem distintas, mas onde, precisamente, a chegada da coexcitação sexual introduz desordem.

Há, com certeza, na sexualidade humana – no "Sexual"[d] – um poder diabólico. Diabólico no que desliga de busca de excesso, dos limites, de extremo.[12] Na sexualidade humana reside um processo gerador de violência e de destruição que nada mais é do que o processo de desagregação.

Esse princípio de desagregação, ou princípio do desejo, ou ainda do gozo, como Laplanche propõe nomeá-lo, reside no "Sexual", mas não se sabe ao certo se ele é da ordem do anímico, ou seja, fantasia, como a sexualidade humana como um todo, ou da ordem do corpóreo, ou seja, da excitabilidade, melhor, da erogeneidade, em seu princípio.

Pela perspectiva que nos interessa neste ensaio, ou seja, a da antropologia política, o princípio de gozo ou de desligamento apresenta não apenas um poder deletério sobre as ligações entre os indivíduos – potência antissocial do "Sexual" de onde procede

11 Jacques Derrida. "L'impossible au-delà d'une souveraine cruauté". In: René Major (org.). *États généraux de la psychanalyse*, Paris, Aubier, 2003.

12 Cf. Sigmund Freud. "Formulations sur les deux principes du cours des évé-nements psychiques". In: *Résultats, idées, problèmes*, tomo I. Paris: Presses Universitaires de France, 1995 [1911]; e Jean Laplanche. "Les principes du fonctionnement psychique. Tentative de mise au point". In: *Le Primat de l'autre en psychanalyse*. Paris: Flammarion, 1997, p. 102.[e]

a necessidade de uma limitação do "Sexual" pela interdição, para constituir a sociedade[13] –, mas também sobre a vida em si: deixar-se sofrer até a morte, fazer com que o outro sofra até a morte – a crueldade. E mesmo se a coexcitação sexual pode momentaneamente acalmar a dor e reverter o sentido do vetor para o prazer – o masoquismo –, ou mesmo salvar um sujeito dos efeitos devastadores da tortura provocada pela doença orgânica (a mucoviscidose) para abrir uma porta para a sobrevida psíquica, trata-se ainda e sempre de uma etapa sobre o caminho de escalada do gozo, indissociável do espectro da morte.

É, no entanto, possível estabelecer uma diferença fundamental entre o que vem pela *pulsão* sexual de morte e pela *compulsão* não sexual de morte. A compulsão não sexual de morte indica sempre um movimento proveniente do frio, do vazio, da não vitalidade, da própria morte em si. Mesmo com o reforço da coexcitação sexual, a compulsão de morte leva ao abismo. E quando uma reanimação derradeira e passageira da excitabilidade é obtida pela passagem ao ato assassino, no crime sexual, nenhum princípio de ligação poderá vir a substituir a excitação que surge dessa maneira, no corpo. Ao final, o estupro ou o homicídio – que colocam um termo ao processo com a passagem ao ato – trazem de volta a prostração, a anedonia e a ausência de pensamento. Na passagem ao ato que salva a angústia do abismo, o Eu – instância do princípio de ligação – está eliminado e não há lugar aqui para o pensamento: da angústia inicialmente "amencial", emerge a erupção – ainda "amencial" – na chegada.

Em contrapartida, no pulsional propriamente dito, na pulsão sexual – seja ela pulsão sexual de morte –, a possibilidade de uma retomada pelo pensamento permanece possível. De maneira que ao sair da "experiência erótica" – no sentido que dá a essa expressão Georges Bataille, o da experiência limite –, a desestabilização

13 Maurice Godelier. *Métamorphose de la parenté*. Paris: Fayard, 2004.

vertiginosa do Eu pelo desligamento chama de volta um segundo tempo de ligação. A experiência do corpo transmuta-se em "exigência de trabalho para o psiquismo", com vistas a remanejar a arquitetura tópica do aparelho psíquico, ou seja, a aumentar o poder do Eu em conhecer em si o estrangeiro, e mesmo em tratar com o inconsciente sexual.

Os dois tempos da pulsão sexual – desligamento - ligação – funcionam como uma oscilação pendular. Pulsatilidade da pulsão que seria, na esfera da teoria mesma da pulsão, aquilo mediante o que se conjugam o sexual e o Eros freudiano.[14]

Esta discussão metapsicológica impõe-se ao se procurar resolver o difícil problema das relações entre sexualidade e cultura.

A sexualidade humana é, já o observamos antes, por meio da subversão libidinal, mediadora da emancipação da subjetividade perante a ordem biológica: a sexualidade como condição da liberdade ou pelo menos de certa autonomia.

Mas a sexualidade humana, em razão do "sexual de morte" e da coexcitação sexual, é também o que por meio da sexualidade se volta como desapossamento de si, em perda de controle. Sob a máscara do diabólico, desta vez, ou seja, sob os traços do inconsciente e de seu poder de destronar o Eu e de subjulgá-lo anuncia-se a extinção da liberdade, a alienação.

Nada impede! É da sexualidade propriamente dita, ou seja, do que depende especificamente da ordem da pulsão, que o sujeito tira seu poder de se emancipar e de honrar a vida. Pois, diferentemente da *compulsão* que avilta e rebaixa sem volta o Eu e

---

14 A definição da pulsão como exigência de trabalho imposta ao psiquismo pelo fato de suas relações com o corporal, definição esta que Freud, em 1915, propõe, corresponderia sobretudo, nesta perspectiva, ao segundo tempo da pulsão, aquele da realização da trajetória pulsional: trabalho, tradução, vínculo, simbolização da excitação sexual.

está na vertente da morte, a *pulsão* apresenta essa propriedade de pulsatilidade de origem: o corpo erótico, o corpo pelo qual a vida se experimenta em si, pelo qual a vida se revela a si mesma sobre o modo fundamental da afetividade.

A conclusão metapsicológica desta investigação sobre a sexualidade, quando ela se expande até os seus limites, é a base a partir da qual nos será possível examinar as *relações entre sexualidade e trabalho*, inicialmente, *entre trabalho e emancipação*, na sequência. É sobre essa mesma base que seremos também levados – ao preço de uma separação com certeza um tanto caricatural – a alcançar o compulsional, o amencial, o que precisamente chega por intermédio dos acidentes da sedução e das mutilações do corpo erótico, ante o principal obstáculo ao progresso moral da humanidade.

Notas do tradutor

a "Imensidão azul" (1988).

b "Dérocher" no original, ou seja, perder o contato com a rocha.

c "Nos *Três ensaios sobre a teoria da sexualidade*, especificamente no trecho sobre as fontes da sexualidade infantil, afirmei: 'que a excitação sexual surge como efeito colateral de numerosos processos interiores, basta que a intensidade desses processos tenha ultrapassado certos limites quantitativos'. E que: 'talvez sempre que ocorra algo de mais relevante no organismo, alguma parcela do processo será transferida e contribuirá para a excitação das pulsões sexuais'. Ora, se de fato assim for, temos de supor que também as excitações derivadas da dor e do desprazer deveriam se acrescentar à excitação das pulsões sexuais. Também supomos que, no caso da tensão gerada pela dor e pelo desprazer, essa solidariedade excitatória libidinosa seria um mecanismo fisiológico infantil que mais tarde se selaria. Assim, dependendo das diferentes constituições sexuais de cada um, antes de selar-se, esse mecanismo atingiria um determinado grau de desenvolvimento e magnitude. Portanto, seria sobre essa base fisiológica que se formaria psiquicamente o masoquismo erógeno." Cf. Sigmund Freud. "O problema econômico do masoquismo". In: *Obras psicológicas de*

Sigmund Freud. Escritos sobre a psicologia do inconsciente, vol. 3. Rio de Janeiro: Imago, 2008, pp. 108-109. Além dessa tradução transcrita de Luiz Alberto Hanns, cf. a tradução de Paulo César Souza. Sigmund Freud, "O problema econômico do masoquismo". In: *Sigmund Freud, Obras completas*, vol. 16. São Paulo: Companhia das Letras, 2011, pp. 190-191. ("*Das Ökonomische problem des Masochismus*". *Gesammelte Werke*, vol. 13, pp. 121-133).

d Cf. nota *g* do tradutor do capítulo 2, p. 74.

e "Formulações sobre os dois princípios do acontecer psíquico". In: *Obras psicológicas de Sigmund Freud, Escritos sobre a psicologia do inconsciente*, vol. 1. Rio de Janeiro: Imago, 2004 [1911]. "Formulações sobre os dois princípios do funcionamento psíquico". In: *Sigmund Freud, Obras completas*, vol. 10. São Paulo: Companhia das Letras, 2011 [1911]. ("*Formulierungen über die zwei Prinzipien des psychis-chen Geschehens*". *Gesammelte Werke*, vol. 8, pp. 230-238).

7. Um equivalente invertido da violência ordinária: Servidão e trabalho doméstico[1]

Quando a erupção amencial ocorre, ela se traduz por uma descompensação psicopatológica. As diferentes formas dessas descompensações (amência ou confusão mental, delírio, melancolia, crise somática, tentativa de suicídio, violências psicopaticas / psicopatológicas, estados de fúria) foram estudadas em *Le corps d'abord*,[a] e assim não me repetirei.

Gostaria antes de concentrar a atenção nas formas *compensadas* de manifestações do inconsciente amencial. Quando a descompensação é evitada, isso se deve ao fato de o inconsciente amencial estar suficientemente bem enclausurado pelo "pensamento de empréstimo", para passar desapercebido. Não haveria então qualquer manifestação direta desse inconsciente, exceto o pensamento "*as if*". É bem possível que tais organizações psíquicas existam no estado puro. Contudo, quanto mais avanço na clínica, mais tenho dúvidas. Muitas pessoas permanecem na normalidade, mas ao preço de sintomas psicóticos depressivos, aditivos, psicopatológicos,

1 A origem deste capítulo está em um artigo: "Les rapports domestiques entre amour et domination". In: *Travailler*, vol. 8, 2002.[b]

de caráter ou somáticos, com os quais elas devem estabelecer um compromisso mais ou menos precário. Em todos esses sujeitos, que formam uma legião, o inconsciente amencial não permanece mudo, longe disso. O tributo pago à compulsão de morte é, em certas situações, uma clivagem imperfeita que se traduz pela angústia (com frequência de difícil descrição por parte do paciente, pois ela depende do impensável – "amencial").

Há ainda os sujeitos incólumes a qualquer manifestação patológica e que, como gente comum, têm assim mesmo um setor inconsciente amencial. Como fazem eles, então? Há, parece-me, duas vias principais, por sinal não excludentes entre si. A primeira é a "via social", a segunda a "via privada" da compulsão de morte. Em comum, uma e outra apresentam a particularidade essencial de passar por uma mudança de condição, em seu contrário: a compulsão de autodestruição está, em ambos os casos, transformada em compulsão de heterodestruição, ou seja, ela se exerce contra o outro (sob a proteção, contudo, das ideologias que, a cada época, oferecem racionalizações podendo servir de boa consciência).

As condições a permitirem que se constitua uma economia psíquica desse tipo, eu não estou apto a elucidá-las. Isso passa, é provável, por uma espécie de iniciação que revela ao sujeito uma saída que ele não teria, com certeza, encontrado só. Na minha opinião, com alguma reserva, no entanto, é possível que essa iniciação seja bastante precoce e que ela esteja associada ao que Laplanche descreve sob o título de "atribuição de gênero".[2] Acredito que, de fato, o gênero não é apenas uma categorização (socialmente construída) da diferença dos sexos, mas é ainda uma inscrição de cada indivíduo no ordenamento das relações de dominação.

---

2 Jean Laplanche. "Le genre, le sexe, le sexual". In: André Green (org.). *Sur la théorie de la séduction*. Coleção "Libres cahiers pour la psychanalyse". Paris: In Press Éditions, 2003.

O fato é que a forma mais banal de retorno da compulsão de destruição é muito observado precisamente na vida *social*. Na arena das relações sociais, a luta pela dominação oferece numerosas oportunidades de encontrar saídas para a destrutibilidade dirigida contra pessoas, contra a subjetividade do outro. A vida *profissional*, em particular, está repleta de situações propícias para isso, a ponto de se tornar difícil para quem trabalha escapar de uma tal situação.[3] É a via expressa a que eu acima já havia referido pelo nome de "via social" da compulsão de morte.

Voltarei a discutir esse tema. No momento apenas assinalo o conluio que se estabelece entre o gozo do exercício de um poder destruidor sobre o outro no trabalho ou na sociedade, de um lado, e o pensamento de empréstimo (estereótipos, modo, ideologia), de outro. O pensamento de empréstimo, que preenche o vazio do pensamento subjetivo, funciona em geral como complemento e, em certas oportunidades, como racionalização paralógica de condutas que o sentido moral reprova. Assim, o estereótipo da guerra econômica e ideológica do liberalismo, tanto quanto as formas mais radicalizadas de militantismo, podem servir de cobertura – pensamento de empréstimo – a condutas que dependem da destrutividade amencial voltada contra o outro.

Quanto à "via privada", ela é de grande banalidade e, em conformidade com a dimensão amencial da compulsão que ela dissimula, dificilmente é pensada como tal, em vista da economia da destrutividade. Essa via privada será tratada neste capítulo, com o objetivo principal de mostrar que os limites do que pode um corpo estão sem dúvida em causa na formação dos propulsores psíquicos da servidão e da dominação.

3 Michela Marzano. *Extension du domaine de la manipulation. De l'entreprise à la vie privée*. Paris: Grasset, 2008.

Em psiquiatria, a preocupação primeira está direcionada para a *doença mental*. Com o desenvolvimento da psicodinâmica do trabalho, essa preocupação inicial desloca-se progressivamente rumo às condições de possibilidade da *normalidade*, em outras palavras, rumo às condições de luta contra a doença. (Lembro que, para a psicodinâmica do trabalho, a normalidade e, *a fortiori*, a saúde não são inatas. Não são "presentes" oferecidos pela natureza, mas o objetivo de uma luta sem trégua, que, a despeito de todos os nossos esforços, termina um dia pela derrota e por nossa morte).

Na perspectiva psicodinâmica, reencontramos sempre em um momento ou outro a identidade e sua estabilização como questão da luta para a saúde mental. *A contrario*, toda descompensação psicopatológica está centrada numa crise de identidade. Se não se levar a questão da identidade a sério e se se considerar a identidade, assim como as crises de identidade, como uma dimensão *contingente das condutas humanas*, aí se estará adotando um pressuposto em virtude do qual, na maioria dos homens e das mulheres, a identidade é um dado invariante, estável e não conflitante da vida *ordinária*. Por causa desse pressuposto, as questões levantadas pela identidade só seriam colocadas quando esta entrasse em crise, ou seja, apenas em situações *extraordinárias*. O correlato desse pressuposto é que a questão da identidade psicológica pode e deve ser afastada da sociologia e ser delegada a especialistas: os psiquiatras. Esse pressuposto da naturalidade da identidade é errôneo e facilmente refutável.

Se, ao contrário, se considerarmos a questão da identidade com a seriedade indispensável, é necessário observá-la no conjunto das análises e das interpretações de todos os comportamentos humanos, sem exceção. Se esse for o caso, deve-se questionar novamente tanto a teoria social como a teoria econômica, e inquiri-las qual lugar elas conferem explicitamente a essa dimensão em suas respectivas problemáticas.

Uma teoria social que não trataria a questão da identidade na análise das relações sociais não seria consequente, pois a sociedade sobre a qual estaria elaborando uma teoria não seria uma sociedade de seres humanos corriqueiros, mas uma sociedade de seres fictícios, da mesma maneira que faz a economia com o seu *Homo oeconomicus*. Ou, para dizê-lo de outra maneira, preocupar-se com a identidade psicológica, em ciências sociais, não justifica a censura automática de "psicologismo".

Mutatis mutandis a *teoria das relações sociais de sexo e de trabalho* está no direito de exigir da psicologia e da psicanálise que essas integrem o real do social na teoria do sujeito, pois ela pode demonstrar que a luta pela identidade e pela normalidade não se apresenta da mesma maneira para uma mulher e para um homem.

Convencido, pelo contato contínuo com as pesquisas de Helena Hirata e Danièle Kergoat[4], de que as relações sociais de sexo são indissociáveis das relações sociais de trabalho, e de que as relações sociais de trabalho são sempre simultaneamente relações sociais de sexo, eu me inclinei primeiro sobre a questão da identidade na esfera do trabalho *produtivo*. Convencido, ademais, por essas duas autoras, de que não há independência entre trabalho e fora-do-trabalho, interessei-me pela maneira como as relações sociais de produção estendem seu prolongamento até a economia erótica.[5] Mas, até agora, não abordei a questão específica do trabalho na esfera privada porque os meios de investigação focalizavam na oposição analítica entre amor e trabalho. O instrumental teórico do qual me servi centrava-se na ideia de que a conquista da identidade psicológica passava essencialmente por duas dinâmicas distintas:

---

4 Helena Hirata & Danièle Kergoat. "Rapports sociaux de sexe et psychopathologie du travail". In: Christophe Dejours. *Plaisir et souffrance dans le travail*, tomo II. Paris: Laboratoire de psychologie du travail et de l'action (Cnam), 1988.

5 Christophe Dejours. "Centralité du travail et théorie de la sexualité". In: *Adolescence*, n. 14, 1996.

- a dinâmica da realização de si mesmo na esfera social, com destaque para o *trabalho de produção*;
- a dinâmica da realização de si mesmo na esfera erótica, com destaque para o *amor*.

Deixarei inteiramente de lado o trabalho de produção para tratar aqui apenas do trabalho de reprodução. Na esfera privada, a organização das condutas em relação à realização de si mesmo (conquista da identidade) engrena o trabalho e o amor segundo formas muito diferentes daquelas que se operam na esfera do trabalho de produção, onde o amor, se não estiver completamente fora do cenário, ocupa uma posição absolutamente contingente. Parece-me, ao contrário, que a análise do trabalho nas relações de reprodução é indissociável da análise das relações amorosas. Ao dispor de uma teoria do trabalho e de uma teoria da sexualidade, faltava uma teoria do amor. Essa teoria ainda é lacunar, mas algumas sugestões feitas por Laplanche parecem suficientes para eu arriscar hoje propor este exercício.[6]

Sexualidade e amor

Sexualidade e amor estão, de modo geral associados, mesmo se ocorrem casos em que o amor e a sexualidade estão dissociados: ama-se sem manter relações sexuais ou mantêm-se relações sexuais com um ou mais parceiros a quem não se ama. Essa situação foi em parte explorada por Freud.[7] Por ora, a discussão é um tanto mais complicada do que aquela na qual Freud – assim

---

6 Jean Laplanche. *Le fourvoiement biologisant de la sexualité chez Freud*. Paris: Les Empêcheurs de penser en rond, 1993.

7 Sigmund Freud. "Contribution à la psychologie de la vie amoureuse: D'un choix particulier d'objet sexuel chez l'homme". In: *La vie sexuelle, Œuvres complètes*, tomo X. Paris: Presses Universitaires de France, 1993 [1910].[c]

como Laplanche – se lançou. Não se trata apenas de analisar as relações entre o amor e a sexualidade, mas entre o amor, a sexualidade e o trabalho de reprodução. Ao que sei, essa análise da relação entre esses três termos foi realizada por uma autora acerca do trabalho agrícola, onde o trabalho de produção e o trabalho de reprodução estão mais intimamente ligados que nos demais setores produtivos. Falo das pesquisas de Michèle Salmona sobre os agricultores e as agricultoras, os produtores de hortifrutigranjeiros, os pequenos criadores de gado...[8]

A identidade: Qual problemática?

Ficarei aqui limitado a apenas alguns pontos de referência. A identidade não é um conceito psicanalítico. Sua utilização traz assim alguns sérios problemas do ponto de vista teórico. Contudo, parece-me impossível não fazer referência, uma vez que a identidade – assim como a normalidade e a saúde – é, ao longo da vida, questão de uma conquista e conservação certa precariedade.

Ora, a conquista da identidade torna-se algo difícil porque os processos pelos quais ela pode ser construída estão submetidos a determinismos importantes e divergentes:

- um determinismo biológico, no centro do qual eu reconhecerei um lugar prevalente ao instinto de apego;
- um determinismo psicofamiliar que se cristaliza sob a forma de inconsciente sexual infantil; e
- um determinismo social que convoca cada indivíduo – depois de lhe haver dado uma atribuição social de gênero graças ao estado civil, com base na morfologia dos órgãos

8 Michèle Salmona. *Les Paysans français. Le travail, les métiers, la transmission des savoirs*. Paris: L'Harmattan, 1994.

> genitais externos conhecidos no nascimento –, a se definir e a se situar como identidade sexuada ou, mais propriamente, identidade "*generada*" – ou seja, uma identidade estabelecida pelo gênero – no curso de toda a sua existência, e isso com uma insistência impressionante.

Esses determinismos funcionam inicialmente como uma série de alienações antagônicas, com a ideia de uma identidade pessoal. Mas geram também, na esfera subjetiva, profundas contradições.

Lutar para construir a sua identidade pessoal consiste em procurar, ou mesmo em inventar compromissos em diferentes escalas entre esses três determinismos, que tendem a fragmentar e a desestabilizar constantemente o sujeito. É pela formação – quando ela é possível – de uma *forma singularizada de compromisso* que o sujeito alcança e afirma a identidade sexual que lhe é própria. É na esfera da identidade, se isso for de uma perspectiva humana possível, que se concretiza e se afirma, na esfera subjetiva, o que realmente importa e é próprio à liberdade.

Ao considerar esse conjunto de preliminares, a identidade psicológica define-se como procura do sentimento de *unidade da personalidade* – em detrimento das pressões exercidas sobre o sujeito pelos diferentes determinismos que pesam sobre as suas condutas – e como *sentimento de continuidade* dessa unidade, a despeito dos constrangimentos que levam a fragmentá-la, e que são provenientes de circunstâncias externas ou de movimentos pulsionais que afetam a identidade em seu âmago.

Assim, nesta concepção de identidade, a alienação é primeira; a identidade como luta pela emancipação, vem depois.

Os componentes do amor

Dizer que o amor está envolvido nas relações sociais de reprodução não é invocar um determinismo não social qualquer para abordar a forma dessas relações entre os parceiros de um casal. Não se deve procurar qualquer determinismo para a matéria, seja ele de ordem anatômica ou biológica, ou sexual ou erótica. Lembremo-nos de que o amor é outra coisa, diferente do sexual e diferente do biológico. Se podemos sustentar que o amor desempenha um papel na organização das relações de reprodução é porque ele exerce um papel não de determinação, mas de manutenção e de reprodução das relações de reprodução. Dizer que o amor não desempenha um papel determinante ou primordial nas relações de dominação na esfera privada não consiste, contudo, em conferir a ele um papel contingente. Em outras palavras: diante da análise da repetição e da reprodução das relações de dominação no espaço privado, a referência ao amor é uma condição necessária, embora não seja suficiente. É pelo menos essa a ideia que irei desenvolver agora; ou, dito de outra maneira: as relações de dominação na esfera privada se apoiariam e se alimentariam da dependência afetiva que une entre si dois parceiros de uma relação amorosa.

Amor e identidade

A identidade é essencialmente uma relação do sujeito consigo mesmo, enquanto o amor é uma relação ante o outro. As relações entre *amor e identidade* nem sempre são concordantes.

- Não há neutralidade do amor em relação à identidade. Amar uma pessoa é depositar nela o poder imenso de devolver uma imagem minha capaz de me transmitir uma sensação agradável de mim mesmo ou, ao contrário, é também possível que desestabilize a minha identidade.

- O amor implica não apenas um risco para a identidade, mas um risco para a *economia erótica*. O encontro erótico com o ser amado pode acender o desejo, mas pode também levar à experiência crítica da frigidez, da supressão da excitação, mesmo do vazio e da anestesia afetiva em relação ao ser amado. Por meio da arquitetura do corpo erógeno colocado em provação no corpo a corpo, o amor representa um risco maior para a subjetividade.
- O amor, enfim, implica um terceiro registro ainda mais obscuro, mas largamente ilustrado pela clínica ordinária, ou seja o registro do *apego*. O apego é um comportamento instintivo inato. Manifesta-se pela procura do contato direto com o corpo, com o calor da pele de um semelhante ou de outro ser vivo. Esse comportamento instintivo é de antemão orientado em direção ao outro e constitui a base insubstituível do desenvolvimento físico e psíquico, ao mesmo tempo que a base biológica, sobre a qual se desenvolve a comunicação. Quando uma criança manifesta esse comportamento de apego em relação a um adulto, ele provoca no adulto um comportamento de envolvimento ou de enlace, de cuidado, de maternidade, de proteção, de alimentação, que se designa com o termo "*retrieval*".

Essa relação entre apego e *retrieval* é, de alguma maneira, o que gera a relação primeira do ser humano, que permite ao adulto mobilizar seus recursos – incluindo-se os de ordem propriamente cultural – para ajustá-los às necessidades do corpo da criança, em função das modificações que se produzem em seus meios internos – no sentido que reveste esse termo na obra de Claude Bernard. Em decorrência de um processo complexo analisado por Jean

Laplanche, a relação de cuidado fica aos poucos contaminada, depois subvertida pelo sexual emanado do adulto. Esse processo foi analisado sob o nome de "teoria da sedução generalizada".[9]

Contudo, essa subversão dita "subversão libidinal" da ordem biológica em proveito da ordem erótica não se completa, deixando na maioria de nós um resíduo de comportamento instintivo de apego. A importância dada a esse comportamento é proporcional ao que, na relação adulto - criança, foi frustrado, extraído da subversão libidinal pelos impasses da sexualidade dos pais.

O que distingue a economia erótica *stricto sensu*, da economia do amor é que, nesta última, a dimensão residual do apego a vincula à dimensão erótica. O apego entre dois seres faz-se à sombra das relações amorosas, enquanto a sexualidade é apenas a sua parte visível. A estabilização desse apego contribui para a formação da relação amorosa como tal.

Mas a relação de apego é também uma relação de *dependência psíquica* em relação ao outro e, neste sentido, introduz na relação amorosa, diferentemente do que se tem na relação erótica sem amor entre parceiros, uma dimensão de *alienação*.

Em substância, só há amor em uma relação entre duas pessoas quando se encontrar envolvida a dimensão do apego e, com ela, a alienação de uma parte de si no outro.

Assim, o amor é uma composição de três elementos: o identitário, o sexual e o apego.

Pode parecer estranho ter consagrado tanto tempo ao apego. Se insisto nesta matéria, é porque se trata de uma dimensão do amor que resiste com força ao trabalho do pensamento e à psicanálise. É por essa razão, talvez, que ela também resiste à análise sociológica.

---

9 Jean Laplanche. *Nouveaux fondements pour la psychanalyse*. Paris,: Presses Universitaires de France, 1987.

Em outros termos: o tema do apego não se deixa com facilidade desconstruir pela teoria social. Se há algum vestígio *biológico* na formação dos comportamentos humanos e em sua alienação fundamental, não é pelo lado da biologia sexual que se deve pesquisar, mas sobretudo pela vertente do apego.

Amor e relação de serviço na escala doméstica

Se a hipótese do apego for verdadeira, ela deve incidir não apenas na organização da relação amorosa, mas também na organização de toda a esfera doméstica, até mesmo nas relações de serviço entre parceiros – visto que, em todas as situações de crise que afetam um casal, essas relações são determinantes em tudo o que poderá unir ou separar os cônjuges ou parceiros. Mais precisamente: se a divisão sexual do trabalho e a relação de serviço são mais ou menos estabelecidas nas relações amorosas, não é apenas como sedução sexual erótica que elas se respaldam, mas ainda – e é aí que podem complicar bastante as coisas – como dependência afetiva.

Apego e submissão

A relação de apego

A relação de apego é uma relação de dependência, de alienação de sua própria autonomia psíquica no outro. A alienação da autonomia subjetiva desemboca na submissão à vontade do outro. No mesmo movimento, a alienação abre espaço para a dominação. Se o amor é uma relação recíproca, supõe-se que de parte e de outra exista uma propensão à submissão. Mas a provação da submissão pode ser realizada ou negociada de diferentes maneiras e é possível que a forma, estabilizada na qual ela se concretize e se consolide entre dois seres não seja idêntica para os dois parceiros. É evidente que, ao promover o registro submissão-dominação, a relação de apego exponha à prova as relações de força, e à desigualdade os posicionamentos no casal.

Apego e retrieval nas relações entre adultos

A relação de apego é também uma relação entre dois tipos de comportamento muito diferenciados – mesmo que complementares: o comportamento de apego deflagra, em retorno, um comportamento de cuidado. Na perspectiva psicanalítica, interessa-nos sobretudo a forma que toma essa relação de cuidado quando subvertida ou rearticulada pelo sexual, ou seja, o carinho. Mas se nos preocupamos com as relações de dominação - submissão na esfera doméstica, ocorre que o comportamento de *retrieval* pode também estar na confluência da relação de cuidado e de prestação de serviços. No polo oposto ao *retrieval*, o comportamento de *apego* pode ser observado como busca de carinho, de afago, de abraços, no sentido etimológico do termo, de carícias etc., mas, em caso de privação, ele permite o surgimento de comportamentos coléricos e violentos contra o parceiro que se omite. O apego está sempre do lado da *demanda*, já o *retrieval* do lado do *dom de si*, enquanto doar-se engajando corpo.[10]

A dependência - alienação na esfera amorosa tem a peculiaridade de ser um jogo realizado por dois adultos e mobilizar, em cada um dos parceiros, simultaneamente, comportamentos de *retrieval* e comportamentos regressivos de solicitação de atenção, ou de cuidados, tanto por parte do homem como da mulher. Quando, em uma relação amorosa, um dos parceiros resolve afastar-se, é possível trazê-lo de volta jogando com a relação apego - *retrieval*, seja ameaçando o cônjuge ou parceiro de privação de cuidados ou

10 John Bowlby. *Attachement*. Paris: Presses Universitaires de France, 1978 [1969].

mesmo de abandono, suscitando nele uma nova demanda por carinho e submissão, correndo o risco de provocar ainda a sua raiva ou, ao contrário, oferecendo confirmar *retrieval* por uma atitude de submissão no domínio sexual ou na atenção às necessidades do corpo do parceiro. Ora, se em princípio, os jogos de posicionamento podem inverter-se em um sentido e depois no outro, entre os parceiros, na prática não é o que ocorre. Observemos antes uma polarização desses relacionamentos em direção a uma desigualdade estabilizada.

Polarização da relação de apego e relação de dominação

Em relação à economia do apego, os dois posicionamentos de dominação e de submissão podem ser equivalentes: aquele que domina não pode mais se privar daquele que se submete. Ao dominar, ele se apega. Inversamente, aquele que se submete pode também tornar o outro dependente, oferecendo-lhe serviços, e assim o equilíbrio se estabelece.

Mas em relação ao *trabalho* – e não ao apego –, a divisão não é equitativa: é mesmo profundamente desigual. Aquele que se submete é encarregado de todo o trabalho e das tarefas domésticas. É portanto plausível que nem a mulher nem o homem deseje, a termo, ser submetido à dominação do parceiro – excetuados os casos em que o desejo de submissão em forma de faceirice[d] for expresso explicitamente como modo específico de sedução.

O problema psicológico é mais perceptível quando aparece um conflito sobre a divisão das tarefas na vida doméstica. Durante as crises conjugais, os cônjuges encontram-se frequentemente no limiar da ruptura, quando começa a chantagem da separação. Se a alienação for capaz de vencer a vontade de separação, é necessário que um dos cônjuges *ceda*. Em um casal heterossexual, em regra, é a mulher que cede. Por quê?

Diferenciações de posturas em relação à submissão, segundo o sexo e o gênero

O elemento decisivo, ao que me parece, na capitulação ou na negação de ceder, poderia estar ligado ao *reconhecimento* ou à *negação* da dimensão de dependência - alienação, consubstancial à relação amorosa. Podemos ter uma *consciência* reflexiva dessa dependência e reconhecê-la em si (e, eventualmente, no outro). Mas podemos ainda confrontar com essa percepção dessa dependência - alienação um objetivo recusa, ou seja, opor-lhe uma negação ou um descrédito, com o intuito de evitar a humilhação e o trabalho psíquico decorrente.

A investigação clínica sugere que homens e mulheres em geral não têm, em relação à dependência - alienação, uma posição semelhante. Os homens a negam com frequência, as mulheres a reconhecem com maior facilidade.

De sorte que, no limite da provação de força, nas crises que opõem os parceiros de um casal em uma relação amorosa, é geralmente a mulher que se submete e o homem que se mantém na posição de dominação. Para explicar essa diferença, podemos evocar três processos que rumam no mesmo sentido e se completam. Um tem raízes no sexual, outro no trabalho produtivo, o terceiro no trabalho reprodutivo.

Negação ou reconhecimento da diferença anatômica entre os sexos

A investigação clínica com crianças entre dezoito meses e três anos de idade mostra que os meninos e as meninas não reagem da mesma maneira em relação à percepção da diferença anatômica entre sexos. As meninas reconhecem essa diferença e manifestam frequentemente, logo após a descoberta, sintomas que constatamos clinicamente como próprios da depressão e o fazem por um trabalho psíquico de simbolização. A tendência dos meninos é fugir da questão por uma simples negação da percepção da diferença anatômica, iniciando, quando os adultos insistem em fazê-los reconhecer a diferença, um processo de reações agressivas.[11] Essa abordagem que envolve a diferença anatômica não consiste em retomar a ideia freudiana fortemente contestada, segundo a qual o sexual seria fálico e o feminino castrado seria não sexual. Deve-se conservar a *descoberta* da diferença anatômica entre os sexos não com vistas a uma experiência sexual, mas por um enigma e por uma pergunta, a um só tempo irredutível e muito excitante para toda criança, seja ela menina ou menino.

A diferença entre menino e menina em relação à anatomia situa-se na maneira de interpretar ou de responder a esse enigma. O fato é que os menininhos tendem a fugir da questão com uma negação, enquanto as menininhas a reconhecem e a simbolizam. Por que, então, essa diferença deixa de ser anatômica para tornar-se uma diferença no trabalho do pensamento, a depender do sexo?

A essa pergunta não se pode responder de modo simplório, pois é necessário passar pela maneira como os próprios adultos, que são responsáveis por essas crianças, respondem às suas curiosidades. Determinantes aqui, não são de forma alguma as respostas

11 Hermann Roiphe & Eleanor Galenson. *Naissance de l'identité sexuelle*. Paris: Presses Universitaires de France, 1987.

conscientes, mais ou menos convencionais, que os adultos incutem nas crianças, mas o que elas não dizem, que é proveniente de sua própria relação com sua sexualidade e que age nelas de maneira extremamente forte, a partir de seu inconsciente sexual, sobre o qual elas não têm qualquer domínio.

Negação ou reconhecimento do real na relação subjetiva com o trabalho

Como tentei mostrar a propósito da relação subjetiva com o trabalho na esfera *produtiva*, os homens elaboram estratégias de defesa para lutar contra o sofrimento no trabalho, e essas estratégias tendencialmente, são organizadas em torno da negação do real, ou seja, da *negação* do que se faz conhecer por sua resistência ao domínio técnico do trabalho.[12]

Assim como o mostrou Pascale Molinier, as mulheres são capazes de inventar estratégias coletivas de defesa que se fundam, ao contrário, no reconhecimento do real e da experiência afetiva do fracasso que lhe está associado.

Do ponto de vista afetivo, o encontro, durante as cenas de disputas conjugais (tendo-se a dependência - alienação e o que ela veicula em termos de perda de soberania e de tendência à submissão) remete o sujeito à perda do controle, ao fracasso e à humilhação. Quando o homem, em sua vida profissional, para fazer frente ao sofrimento ou ao medo que implica a relação com os riscos do trabalho, deve participar de uma estratégia coletiva de defesa centrada na negação da percepção desse risco e ainda comprovar a magnitude de sua virilidade, não é possível inverter esta posição psíquica na esfera privada sem que essa mano-

12 Christophe Dejours. *Travail: Usure mentale. De la psychopathologie à la psychodynamique du travail.* Nova edição, ampliada. Paris: Bayard, 1993.

bra provoque – ou facilite – uma desestabilização psíquica que o colocará em dificuldades em relação ao seu trabalho. Teimar na negação de sua dependência em relação à cônjuge permite-lhe consolidar a negação do real, ou seja, daquilo que significa a experiência dolorosa da perda do domínio. Encontramos aqui não apenas um problema de coerência psíquica entre as esferas do trabalho e do fora do trabalho, mas o problema mesmo da identidade como busca de uma unidade estável e contínua, no âmbito da identidade viril.

A mulher, que de sua parte sabe melhor reconhecer o absurdo e o embaraço da negação de percepção do real, cede com mais facilidade que o homem, porque ela sabe que sua recusa em ceder confirmará a resistência do real, fazendo com que desponte o espectro da separação.

Mas – faço questão de insistir nisso –, essa teimosia do homem em negar o real só perdura enquanto essa propensão à negação finca raízes na negação infantil que se opõe à questão da percepção da diferença anatômica entre os sexos.

A teimosia do homem, que leva a mulher a ceder nas crises conjugais, de modo algum se alimenta no realismo do homem adulto, que estaria sobretudo preocupado com seus interesses. Ao contrário, colhe na fonte da exacerbação de sua negativa infantil em reconhecer o real, os princípios da determinação do homem em não ceder. Apenas secundariamente ele explora, na formação das relações de dominação diante das relações de serviço na esfera doméstica, a vantagem que lhe dá a sua inflexibilidade. E o paradoxo, do lado das mulheres, seria este: é por serem *mais* realistas do que os homens que as mulheres perderiam a batalha da dominação.

Negação do real na relação subjetiva diante do trabalho doméstico

O trabalho doméstico – como insistem vários autores, em particular Danièle Kergoat[13] – é múltiplo. A tipologia dos elementos de sua composição é determinante para a teoria. No que diz respeito à abordagem dinâmica, seria necessário observar uma distinção pelo menos, entre o que diz respeito à relação de cuidado e o que diz respeito de maneira específica à relação de serviço, das tarefas. A relação de serviço reúne tudo o que diz respeito às tarefas domésticas. A relação de cuidado diz respeito primeiramente à relação dos corpos e às necessidades dos corpos, ao padecimento dos corpos, às doenças, ao envelhecimento, ao acalento, ao asseio. Ora, a relação de cuidado não remete apenas ao *retrieval* anteriormente mencionado. Supõe o confronto afetivo com as falhas do corpo, com o que o corpo pode produzir como receios, como angústias, como aversões, como desgosto pelo seu sofrimento, pelas dores, pelas chagas, pelo sangue, pela feiura, suas dejeções, seus odores, etc. Todos esses estados do corpo só podem provocar, em contrapartida, a angústia ante a perenidade de seu próprio corpo, de sua beleza ou de seu declínio, de seu devir e de seu envelhecimento.

Ainda aí, os homens de maneira continuada dão prova de certa covardia, omitindo-se dessa dolorosa percepção e atribuindo-a às mulheres. Pelo mesmo movimento, negam as competências da disponibilidade, do tato, da compaixão necessária para enfrentar a situação, pois elas pressupõem o reconhecimento do real e a insuficiência da ciência. Completam esse ato de negação pela naturalização dessas competências, que declaram absolutamente femininas, como bem o mostraram Danièle Kergoat e Helena Hirata.[14]

13 Danièle Kergoat. "Le rapport social de sexe (De la reproduction des rapports sociaux à leur subversion)", comunicação pessoal, 2001.

14 Helena Hirata & Danièle Kergoat. "Rapports sociaux de sexe et psychopathologie du travail", op. cit.

O ponto de vista que tento defender é o de que a reprodução das relações de dominação - submissão na esfera do trabalho de reprodução encontra suas condições de reiteração nas preocupações irredutíveis da luta pela identidade e no infantil:

- a título de resíduo, no âmbito do apego que nos adultos gera, inevitavelmente, desigualdade e dominação;
- a título de uma relação diferente em relação ao reconhecimento ou à negação da percepção do real, que tem a sua origem no inconsciente sexual infantil ante a diferença anatômica dos sexos.

Posso mesmo adiantar que, se as relações de dominação - submissão ou dominação - servidão são inexpugnáveis das relações sociais domésticas, isso se deve ao amor que reativa incessantemente as marcas do infantil na formação da identidade e as traz, de modo constante, para o âmbito das negociações no seio do casal. Não é por causa de um processo que tem origem nas relações sociais de dominação na sociedade, para resultar em uma interiorização psíquica. Em outros termos: a dominação não viria apenas do alto, advinda da sociedade, seria também decorrência de uma promoção originária do baixo, no sexual infantil.

Quanto a saber como, no centro dessa economia da dominação, é possível esconjurar a reiteração das relações sociais de gênero, seria necessário discutir os elos intermediários entre a anatomia e a política – retomando assim a fórmula proposta por Nicole-Claude Mathieu[15] – e a maneira de desatá-los. Essa análise é possível se estudarmos os remanejamentos psíquicos que impõe às identidades de cada um dos parceiros a busca de uma

15 Nicole-Claude Mathieu. *L'Anatomie politique. Catégorisations et idéologies du sexe*. Paris: Côté Femmes Éditions, 1991.

divisão não conformista do trabalho na esfera doméstica, e isso tanto para os casais hétero como para os casais homossexuais.

Para situar meu propósito na discussão da abordagem sociológica e poder concluir, eu diria que a referência à problemática da identidade e da saúde mental, na análise das relações sociais de sexo, não leva à ideia de que a origem das relações de gênero encontra-se no sexual, no anatômico ou no infantil. A origem das relações de gênero é seguramente não sexual e é uma construção social no pleno sentido do termo, tal como definido por Christine Delphy.[16]

O que permite a análise psicodinâmica é a negação da tese da interiorização do social pela aprendizagem, a relação de força, ou a dominação simbólica. Parece-me mesmo que a ideia de interiorização do social para compreender a reprodução dos gêneros é também questionada por certos estudos feministas, particularmente pela tese da "melancolia de gênero", proposta por Judith Butler em *Trouble dans le genre*[17] e retomada no texto "The sexually unperformable", que situa também entre o social e a orientação das escolhas sexuais, o elo intermediário da encarnação, ou das modalidades complexas da implantação do gênero na formação do corpo. Encontramos assim, nessa concepção, a diferença fundamental entre corpo anatômico e corpo erógeno.

O que pontua a abordagem psicodinâmica, cujas linhas gerais propus aqui, é que os princípios da reiteração e da reprodução das relações de dominação fincam raízes no que permanece de infantil em todo adulto, mesmo se considerado como um adulto social. É assim surpreendente que o lugar por excelência da desigualdade entre os seres humanos – ou seja a relação entre o adulto e a

16 Christine Delphy. *L'ennemi principal*, tomo II, "Penser le genre". Paris: Syllepse, 2001.

17 Judith Butler. *Trouble dans le genre. Le féminisme et la subversion de l'identité.* Paris: La Découverte, 2005 [1990].

criança, que é um invariante antropológico do qual todo ser humano realiza uma experiência – não tenha lugar na teoria social das relações de dominação que perpassam todas as relações humanas.

Fixar um papel específico ao infantil na teoria social tem implicações na concepção e nos objetivos que podemos racionalmente conferir à luta pela emancipação das mulheres acerca da dominação dos homens.

Em contrapartida, reconhecer o lugar do gênero na teoria psicanalítica leva a incidências profundas, no meu ponto de vista, sobre a investigação das crises conjugais e sobre a prática da cura. No plano teórico, coloca a questão da maneira como o gênero pode também ser rejeitado e ocupar um lugar no inconsciente sexual.

Notas do tradutor

a *Antes de tudo, o corpo*, tradução em curso, com lançamento previsto, pela Paralelo 15, em 2013.

b Capítulo 14 ("As relações domésticas: Entre amor e dominação") da coletânea organizada por Selma Lancman e Laerte Idal Sznelwar. *Christophe Dejours: Da psicopatologia à psicodinâmica do trabalho*, 3. ed. Brasília/Rio de Janeiro: Paralelo 15/Editora Fundação Oswaldo Cruz, 2011, pp. 449-469.

c Sigmund Freud, "Um tipo especial de escolha de objeto feita pelos homens (Contribuições à psicologia do amor I)", *Edição Standard Brasileira das obras psicológicas completas de Sigmund Freud*, vol. XI. Rio de Janeiro: Imago, 1970 [1910], pp. 147-157 ("Beiträge zur Psychologie des Liebeslebens I (*Über einen besonderen Typus der Ob-jektwahl beim Manne*")), (*Gesammelte Werke*, vol. 8, pp. 66-77).

d "Muliébrité" no original. Dejours emprega este neologismo para designar condutas pelas quais as mulheres tentam esquivar-se de eventuais represálias do parceiro caso não desempenhem o seu papel de mulher submissa. (Cf. Christophe Dejours. "Différence anatomique et reconnaissance du réel dans le travail". *Les Cahiers du Genre*, n. 29, 2001

8. Do trabalho à subjetividade

No primeiro capítulo, examinamos como a experiência do trabalho podia alimentar o desenvolvimento da subjetividade e observamos algumas indicações sobre a maneira como a teoria de um "corpo pensante" pode ser discutida a partir da clínica do trabalho.

Ao tentar, no terceiro capítulo, aproximar a filosofia dos princípios de Maine de Biran e a teoria psicanalítica da pulsão, vimos como uma perspectiva teórica podia ser atribuída ao corpo e como podia depositar nesse corpo a origem de toda atividade do pensar, pelo fato de que pensar seria invariavelmente pensar seu corpo, pensar a experiência de seu corpo no momento mesmo em que se pensa. Essa análise, contudo, aplica-se somente aos princípios, ou seja, ao que está na origem do pensamento, ou ainda ao que constitui a condição de possibilidade do pensamento; a saber, o corpo. Esse corpo que se prova e que não é o corpo biológico que funciona sem que ele próprio se perceba. E se o corpo possui esse poder de revelar-se a si próprio, de perceber-se por intermédio do esforço contra sua própria resistência à vontade, esse poder pertence à categoria do princípio. Ora, a experiência do trabalho ordinário exige mais do que o princípio; a habilidade no trabalho exige a implicação *do corpo por inteiro* no desempenho da tarefa. Mas o que seria um corpo por inteiro?

O corpo que se prova a si próprio, desde o princípio, já é um corpo por inteiro. Com certeza! Mas de experiência em experiência, o corpo se forma e se enriquece com novos registros de sensibilidade, de jogos e de "agir expressivos".

O trabalho ordinário, ao exigir certas habilidades, confronta o corpo com sua inabilidade, com seus limites, com sua impotência. A experiência do real (da resistência do mundo à perícia) é uma provação para o corpo, da qual pode sair engrandecido, bem como enfrentar uma crise. Adquirir novos registros de sensibilidade por causa da experiência do trabalho não está dado de antemão pela simples razão de que, para poder apropriar-se de um novo registro de sensibilidade e lhe encontrar um lugar, é muitas vezes necessário passar primeiro por um remanejamento do corpo subjetivo que estava, antes de passar pela experiência de uma tal provação, mais ou menos estabilizado. A simples adição dos registros expressivos não é a regra. Assimilar o novo passa – com muita frequência, quando não sempre – por uma reestruturação de conjunto, e é por essa razão que uma nova experiência nem sempre é, de antemão, enriquecedora. Pode-se situá-la, ao contrário, na origem mesmo de uma crise, como se a chegada de um novo elemento desestabilizasse o edifício anterior do corpo que se coloca à prova. É o que iremos agora ilustrar com base na citação de um caso.

A subjetividade consta, de modo permanente, na pauta da psicodinâmica do trabalho. Na maioria das vezes, é para mostrar como e quanto essa subjetividade é maltratada pelos constrangimentos da organização do trabalho e pelas relações de dominação. No horizonte, situa-se o espectro das patologias mentais do trabalho , do qual conhecemos seu agravamento a partir dos anos 1985-1990. Em verdade, a subjetividade raramente é definida pela literatura, é antes evocada por preterição. Mas sua quididade não é explicitada, de sorte que, mesmo quando ela é celebrada, até mesmo sacralizada, a subjetividade permanece para uma grande quantidade de clínicos do trabalho como uma noção difusa. Alguns são tentados a trabalhar sustentados por uma divisão das tarefas e das competências: aos especialistas da psicodinâmica do trabalho caberia a tarefa de descrever as condições concretas de trabalho deletérias para a subjetividade e, mais além, para a saúde mental; aos psicanalistas caberia a incumbência de espreitar a elucidação de processos específicos em curso na subjetividade. Trata-se assim de apreender aqui o que as relações entre psicanálise e psicodinâmica do trabalho podem aportar à explicitação daquilo que se nomeia como a subjetividade.

A discrepância entre trabalho prescrito e trabalho efetivo, e a realidade do trabalho

O que há de irredutível no trabalho é a gestão da discrepância entre o prescrito e o efetivo. Em outras palavras: trabalho é tudo o que, em uma situação real, não foi previsto pela concepção, pelo planejamento e organização da tarefa. Sabe-se ademais que os incidentes, as falhas, as disfunções organizacionais, as anomalias são conhecidas pelo sujeito que trabalha essencialmente com base no modo de uma *resistência do mundo* aos procedimentos, ao saber-fazer, aos conhecimentos, à habilidade e, de maneira mais ampla, ao domínio técnico-científico do processo de trabalho: resistência do mundo por meio da qual se revela para o trabalhador o *real* propriamente dito. O real resiste e se manifesta sempre de modo que põe em xeque o querer, e é assim, a partir do insucesso, que começa de fato o trabalho propriamente dito. Mas o insucesso é sempre uma experiência pática e afetiva, proporcionando mais ou menos dor, uma experiência em regra irritante, desagradável e desesperadora, que se designa pelo nome de sofrimento.

Ora, este sofrimento, longe de ser apenas a consequência ou o ponto de chegada do encontro com o real, é sobretudo, para o que aqui nos interessa – a subjetividade – um ponto de partida, uma origem. Este sofrimento transforma-se em exigência de superação, em exigência de trabalho para o sujeito, em esperança de superação. Este sofrimento situa-se no ponto de partida da inteligência, inteligência que será necessário mobilizar para perseverar na provação afetiva que é imposta ao sujeito quando de sua confrontação com o real.

A inteligência no trabalho e o engajamento do corpo

O real se deixa conhecer não apenas por um fracasso inesperado da atividade em curso (do "trabalhar"), mas ainda por meio de sua forma mais típica, por uma provação insólita: seu ineditismo para o sujeito. O real se faz conhecer como experiência radical de ininteligibilidade que me conduz a um sentimento de incompetência. O que caracteriza o real é o que não sei como enfrentar quando experimento o desejo ou me sinto na obrigação de prosseguir na minha tarefa que me propus executar.

É na ausência dos procedimentos conhecidos e anteriormente definidos que o sujeito enfrenta o real. É-lhe agora necessário transformar-se em pesquisador, ou mesmo em inventor. Isto porque a solução não é conhecida, a atividade cognitiva de "solução do problema" não está nos manuais disponíveis. A inteligência que é necessário mobilizar é de uma outra natureza: ela se baseia na a intuição.

A intuição não é mágica. Ao contrário. Ela passa por um processo complexo, mas muito bem definido pelo conceito de "*atividade subjetivante*" proposto por Fritz Böhle e Brigit Milkau,[1] ou ainda pelo de "*corpopriação*" do mundo, elaborado por Michel Henry, conceito este que foi objeto de uma descrição clínica no primeiro capítulo deste volume.

Da atividade subjetivante à ampliação da subjetividade

Neste capítulo sobre a engenhosidade, tentamos percorrer o caminho que permite reconhecer o que o trabalho deve à subjetividade. O trabalho apropria-se da subjetividade, como se essa fosse uma nascente, uma fonte, para ali colher todo o seu talento, o seu gênio. Mas, em retorno, é legítimo perguntar-se o que a subjetividade deve à experiência do trabalho. Ao ter acesso, graças ao corpo subjetivo, à familiaridade e à intimidade com a matéria ou com a ferramenta, aquele que trabalha adquire não apenas novas habilidades mas ainda descobre em si novos registros de sensibilidade. Pela experiência do trabalhar, ele aprende a conhecer seus próprios limites, suas imperícias, mas ele estende também em si o repertório de suas impressões afetivas e descobre novas qualidades de virtuosismo que acaba por amar, da mesma maneira como ama a si mesmo.

Para o sujeito que trabalha, torna-se possível experimentar o prazer de acariciar uma madeira, um metal, concreto, uma pele (quando se trata tanto de um profissional do curtume preparando

1 Fritz Böhle & Brigit Milkau. "Vom Handrad zum Bildschirm". Munique: Campus, Institut für Sozialwissenschaftliche Forschung e.v. ISF, 1991; tradução francesa in C. Ancelin *et alii*. *De la manivelle à l'écran. L'évolution de l'expérience sensible des ouvriers lors des changements technologiques*. Coleção da "DER d'EDF". Paris: Eyrolles, 1998.

um couro, como de um dermatologista tateando o seu paciente!), pois é também dessa maneira que a subjetividade se amplia, se transforma: pelo reconhecimento carnal do mundo e, por seu intermédio, pelo conhecimento de si próprio. Trabalhar não é tão só produzir, é colocar seu corpo à provação, com uma possibilidade de que ele volte *mais sensível* se comparado consigo mesmo antes dessa provação. Assim, trata-se de aumentar suas capacidades de experimentar prazer. Essa relação com a matéria é bastante conhecida no meio dos artistas plásticos,[2] mas não é exclusividade deles. *Todos os que trabalham* vivenciam essa experiência.

Dizer que o corpo erógeno está diretamente engajado na inteligência e na habilidade é também admitir que nem todos os sujeitos são iguais ante todas as atividades técnicas. O corpo erógeno, certamente, não é um presente da natureza. O segundo corpo é construído a partir do corpo biológico, como já vimos nos capítulos 4 e 5.

As atrofias do corpo erógeno – inútil recorrer a eufemismos – tornam-se deficiências em relação à sua habilidade técnica, de maneira que alguns sujeitos que saíram feridos de sua infância permanecem indefinidamente grandes desajeitados, desastrados ou mesmo brutos entre as mãos dos quais tudo, de maneira inexorável, é destruído. Contrariamente, a relação com o trabalho pode ser uma segunda oportunidade para superar os limites impostos pelo desenvolvimento do corpo erógeno devidos às inaptidões funestas do adulto ao brincar com os corpos da criança (cf. os "acidentes da sedução", objeto de discussão no capítulo 5).

Neste percurso eu insisti sobretudo na importância do poder de sentir. A provação do trabalho, a provação do real são não apenas a passagem obrigatória para o conhecimento do mundo, essas provações são também o meio por onde a vida é experimentada

---

2 Yves Bonnefoy. *Giacometti*. Paris: Flammarion, 1991.

em si, se revela a si. O que está em causa, aqui, não é nada mais do que a vida propriamente dita:

> *Pois a vida se sente e se experimenta por si, de maneira que não há nada nela que ela não sinta ou experimente. E isso porque o fato de sentir-se a si mesmo é justamente o que faz dela a vida. Assim, tudo o que carrega em si essa propriedade maravilhosa de sentir-se a si mesmo está vivo; enquanto tudo o que não tem tal propriedade é só morte. A pedra, por exemplo, não se experimenta a si própria, diz-se dela que é uma coisa. A terra, o mar, as estrelas são coisas. As plantas, as árvores, os vegetais são geralmente coisas, a menos que se faça surgir neles uma sensibilidade na acepção transcendental, ou seja, essa capacidade de se provar a si mesmo e de se sentir a si mesmo que faria precisamente deles viventes – não mais no sentido da biologia, mas no sentido de uma vida verdadeira, a qual é a vida fenomenológica absoluta, cuja essência consiste no fato mesmo de sentir-se ou de experimentar-se a si mesmo, e nada diferente disso – o que nós chamaremos ainda de uma subjetividade.*[3]

Subjetividade segundo o filósofo e subjetividade segundo o psicanalista

Graças ao filósofo, chegamos a uma definição da subjetividade que, para a teoria do trabalho, é de uma imensa importância: a subjetividade – afirma o filósofo – é a vida fenomenológica absoluta. Mas devemos ficar prudentes diante dessa descoberta. Pois poderíamos facilmente cair em uma visão angelical do trabalho

3 Michel Henry. *La barbárie*. Paris: Grasset, 1987, pp. 15-16.

que traria consigo uma imensa promessa, a da ampliação da subjetividade a partir do momento em que o trabalho ofereça a oportunidade de mobilizar a inteligência do gênio de cada um dentre nós. No sentido oposto, seríamos facilmente tentados a acreditar que apenas as organizações do trabalho com importantes entraves à engenhosidade, pelo excesso de controle, seriam responsáveis pelos impasses que o sujeito encontra em sua aspiração de ampliar sua subjetividade.

A investigação clínica chama-nos para uma postura mais modesta quanto à genialidade da inteligência e a uma menor propensão – tão logo se rompa a harmonia entre o corpo e o trabalhar – a denunciar os malvados patrões. Já o assinalei anteriormente, ao me referir ao corpo erógeno: nós não abordamos o trabalho com recursos psicológicos e afetivos iguais. E as relações entre o sujeito e o corpo erógeno não são espontâneas ou naturais. Nossa capacidade de transformar o sofrimento em prazer, pela provação do trabalho, depende antes de nossa capacidade de remanejar a relação com nosso próprio corpo, para torná-lo apto a integrar o que a experiência subjetiva do trabalho nos faz descobrir outra vez sobre nós mesmos.

Para dizê-lo mais diretamente, a experiência subjetiva do trabalho nos coloca em confronto não apenas com a resistência do mundo à nossa vontade – o que denominamos como o *real do trabalho* –, ela nos confronta também com a *resistência de nossa própria personalidade* a evoluir diante da experiência do trabalho – e dessa vez se trata do *real do inconsciente*.

Real do mundo e real do inconsciente

Em outros termos, quando se trabalha, deve-se não apenas experimentar uma resistência advinda do exterior mas ainda, ocasionalmente, outra, mais inesperada, proveniente do interior de si próprio. Se a provação do trabalho é uma oportunidade magnífica de se transformar a si próprio, é também a ocasião de lutar contra sua própria resistência para transformar-se e evoluir. A subjetividade, queiramos ou não, é não apenas a experiência do gozo de sentir-se evoluir, é também essa experiência da impotência, às vezes, de agir sobre si mesmo. Realizar a experiência do real do inconsciente é descobrir que o sujeito não é, muitas vezes, senhor em sua casa, não mais do que o é em relação ao mundo. Acredito poder afirmar que, em geral, o real do trabalho faz surgir quase inevitavelmente em seu rastro o real do inconsciente.

Mesmo ao conhecer perfeitamente o funcionamento de seu aparelho, o piloto de caça muito experiente se lança contra um relevo rochoso levando consigo três outras aeronaves que voavam em formação sob o seu comando, em patrulha cerrada. O exame das caixas pretas e dos destroços dos aparelhos mostram que não houve falha do material capaz de explicar o evento. Erros desse tipo – denominados como falhas humanas – existem incontestavelmente, e nenhum trabalhador pode evitar de passar por uma tal experiência carregada de erros carregados de graves consequências no curso de uma vida de trabalho. Esses erros são uma das formas através das quais a resistência do inconsciente deixa-se conhecer por aquele que trabalha. Trabalhar é também, *nolens volens*, confrontar-se a si mesmo, no modo desagradável da falha, da perda do domínio de si, do erro ou do deslize, ou mesmo do ato falho, como na história trágica dessa patrulha de caças.

Por não recusar a experiência de sua própria errância, o sujeito é, muitas vezes, conduzido a situações a situações escabrosas do ponto de vista psicopatológico. Diante de resultados insuficientes quando comparados àqueles previstos no contrato por metas (devidamente subscrito pelo próprio trabalhador), ele passa a ser criticado, acusado ou punido pela hierarquia em decorrência da insuficiência de resultados ou por incompetência. Acontece com frequência que, em seu íntimo, paralisado pela perplexidade e pela hesitação, ele se pergunta: "esses resultados deploráveis decorrem da fixação de objetivos exorbitantes pelos chefes ou de minha incompetência?"

Reconheçamos que nem sempre é fácil fazer a distinção entre a resistência que opõem respectivamente, à vontade de realização satisfatória de uma tarefa, o real do trabalho e o real do inconsciente; ou, para dizê-lo de outra maneira, nem sempre é fácil saber se a resistência ao domínio resulta do fato de a tarefa ser *impossível* ou se resulta do fato de eu ser um *incapaz.*

Trabalhar é assim confrontar a resistência do real *material.*

Trabalhar é também confrontar a resistência do *inconsciente.*

Mas isso não é tudo! Trabalhar é ainda reencontrar as *relações sociais* e a *dominação*, pois o trabalho não se desenvolve apenas no mundo objetivo *e* no mundo subjetivo, ele se desenvolve também no mundo social.

As relações sociais de trabalho são sempre relações sociais de gênero, como questão central, a dominação das mulheres pelos homens. Na concepção à qual me uno, as relações de gênero têm por principal objetivo a dominação do trabalho produzido pelas mulheres: não apenas o trabalho de produção, mas também e conjuntamente o trabalho doméstico.

Pode-se mostrar pela investigação clínica que a virilidade é construída pela relação com o trabalho e pelo trabalho principalmente. O trabalho, com certeza, provoca sofrimento, como o vimos na experiência do real e do fracasso. Mas se trata apenas de uma forma geral do real do trabalho. Há muitas situações de trabalho nas quais o real faz-se conhecer em essência sob a forma do risco: o risco de incidente, de acidente, de doença, de mutilação, de morte... como na indústria da construção civil e nas grandes obras públicas, na química, na indústria nuclear, na polícia, na aviação, nas forças armadas etc. Suportar o trabalho, tolerar esse sofrimento que aqui toma a forma do medo passa pela formação de estratégias de defesa contra o medo, construídas coletivamente pelos trabalhadores. As designamos como estratégias coletivas de defesa. Consistem em reverter, mediante uma série de condutas paradoxais, a relação subjetiva frente ao perigo: demonstra-se que não se tem medo, com a exibição de sua capacidade, de enfrentar provas particularmente perigosas. Agravamos a situação em relação aos riscos. O coletivo impõe a cada um de seus membros provas a serem superadas: é o percurso do combatente para os trabalhadores da construção civil, são os "Jogos Olímpicos" na química, os diferentes trotes para os cirurgiões, para os aprendizes engenheiros, executivos etc., enfim os mais diferentes ritos de iniciação na tradição de cada ofício.

Ora, todas essas provações coletivas, que exaltam a coragem, colocam em cena a própria *virilidade*: a ausência de medo, a indiferença em relação ao sofrimento, a invulnerabilidade... É um homem aquele que pode não apenas suportar o sofrimento como também inflingi-lo a um colega (os trotes, por exemplo). Dessas investigações clínicas sobressai que quase todas as estratégias coletivas de defesa são chanceladas pela virilidade. Essa virilidade é então essencialmente *defensiva*, contra o medo. É uma defesa, não há dúvida, mas ela estrutura o mundo do trabalho por inteiro!

Isso impõe às mulheres que desejam aceder às tarefas qualificadas e poder assim seguir carreira, integrar ambientes que, ao estarem preservados com grande zelo pelos homens, são estruturados com base na virilidade. Fazer-se admitir em um coletivo de trabalho viril pressupõe, para as mulheres, pagar com a moeda da virilidade, o que é um tanto complicado, uma vez que elas se encontram, por esse fato mesmo, dilaceradas entre a sua identidade sexual de mulher e a virilidade à qual devem se conformar, sob pena de serem excluídas, sem maiores cerimônias, pelos homens do coletivo, chegando a passar por múltiplas humilhações.

Ao se dar conta do que implica o trabalho – a saber: a confrontação com o real da tarefa, a confrontação com o real do inconsciente e o real das relações de gênero –, pode-se observar com alguma precisão o que esse trabalho representa como provação da subjetividade, não omitindo que ao termo dessa provação há uma recompensa ou uma punição ainda maior, seja em termos de realização de si mesmo e de construção da identidade (ou ainda da conquista da saúde), seja em sentido oposto, em termos de patologias mentais.

Eis um fragmento de cura analítica que nos permitirá construir um juízo sobre o que o trabalho de produção implica como trabalho da subjetividade sobre si mesma, e o que significa para a psicanálise considerar o trabalho e o gênero.

Fragmento clínico

Trata-se de uma mulher que, havia cerca de vinte anos, dirigia uma empresa de cerâmica criada por ela mesma. Ela conhecia cada um dos ofícios de seus assalariados porque ela os havia exercido todos, sem exceção. Dotada de um "tino comercial" excepcional, gozando de uma sólida reputação em seu meio profissional, ela imprimia à sua empresa uma dinâmica considerável. Mas o mercado começava a se afunilar progressivamente, fortes concentrações remanejavam em profundidade o setor de atividade, a maioria das empresas concorrentes tinha sido comprada por multinacionais. Mesmo sendo alvo da admiração de seus pares, em razão de seu faturamento em constante crescimento, independentemente da conjuntura adversa, ela sabia que sua empresa enfrentaria sérios problemas. A concorrência era acirrada e por causa dela os preços passaram a sofrer reduções, a dívida da empresa se agravou. Essa mulher realizou a dolorosa experiência da resistência do real, aqui a do poder de uma concorrência a que toda a sua habilidade não conseguia fazer face. Entrou em depressão, o que é de fácil compreensão, ao constatar que sua obra estava perdida, e sobretudo, ao ver chegar o tempo de desenvolver um programa radical de demissões, política que tinha dificuldade em aplicar, dados os laços pessoais que a uniam aos assalariados de sua empresa.

A análise revela que com o dinheiro ela estabeleceu uma relação um tanto ambivalente. Graças à sua empresa, ela ganha, em realidade, muito dinheiro. Mas desse dinheiro ela não tira qualquer proveito pessoal. As demais pessoas,, incluindo os seus assalariados, tiram grande benefício. Ela pode ganhar dinheiro, mas não pode nem gastá-lo para seu bem-estar particular, nem poupá-lo. Acumular dinheiro e enriquecer seria uma afronta aos princípios com base nos quais foi educada. E ocorre mesmo de ela praticar, com frequência, descontos indevidos nos orçamentos remetidos a seus clientes, e disso, até o momento da crise ela não tinha consciência. Ter sucesso em todos os domínios de sua vida profissional era aceitável, mas isso não deveria se tornar visível. Uma grande discrição e uma modéstia verdadeira dissimulam para os demais, sobretudo para os seus próximos, os inúmeros talentos que ela detinha em todas as circunstâncias de sua vida profissional, e também na privada. Se todas as dificuldades encontradas foram finalmente superadas, isso ocorreu como por encantamento, e o sucesso era decorrente de um certo magnetismo de seu charme, e não porque imprimisse uma força de um trabalho fora do comum.

Encontramos aqui uma configuração bastante próxima do que havia sido descrito por Joan Riviere em seu famoso artigo sobre a "feminidade-mascarada".[4] A paciente pode ser em tudo genial, mas isto não pode se tornar visível.[5]

Mostrar o que ela verdadeiramente fez a colocaria em posição de ameaçar a imagem e o prestígio incontestáveis de seu pai. Mas, por intermédio desse pai, há também o gênero masculino, a virilidade. Por detrás desse pai, há o homem, o macho e a virilidade como categoria social, ou seja, o gênero. Vamos até o fim: mostrar o que ela efetivamente realizou, seria de forma inconsciente, conduzir-se *como homem*. Aparecem sintomas no registro da identidade sexual que estão em relação com o conflito encontrado com alguma frequência na clínica do trabalho entre a realização de si pelo trabalho, de um lado, e a identidade sexual feminina, de outro, e que depois das teorizações propostas por Danièle Kergoat e Helena Hirata em termos de "riscos de virilização",[6] estão associados à progressão em sua qualificação e na hierarquia, como tentei ilustrar clinicamente.[7]

Neste ponto em que ela se encontrava no decorrer da análise, a paciente empresária revela uma série de "sonhos profissionais". Em um deles, está de pé, diante de uma mulher que tem cabelos curtos e ondulados. Essa mulher é jovem e está nua. Ela não é capaz de enxergar a parte superior de seu corpo. Essa jovem mulher lhe diz: "Realiza-o você mesma, por que eu, você está vendo...", e ela mostra

4 Joan Riviere. "Womanliness as a masquerade". In: *International Journal of Psychoanalysis*, n. 10, 1929.

5 Cf. Josiane Pinto, "Une relation enchantée: La secrétaire et son patron". In: *Actes de la recherche en sciences sociales*, n. 84, 1990; Pascale Molinier, *L'énigme de la femme active. Égoïsme, sexe et compassion*. Coleção "Petite Bibliothèque Payot". Paris: Payot, 2006.

6 Helena Hirata & Danièle Kergoat. "Rapports sociaux de sexe et psychopathologie du travail". In: Christophe Dejours, *Plaisir et souffrance dans le travail*, tomo II. Paris: Laboratoire de Psychologie du Travail et de l'Action, Conservatoire National des Arts et Métiers (Cnam), 1988.

7 Christophe Dejours. "Centralité du travail et théorie de la sexualité" . In: *Adolescence*, n. 14, 1996, pp. 9-29.

ter um pênis pequenininho, como o de uma criança. A paciente responde que não tem grande importância, tudo pode voltar aos eixos. Ela toca no pintinho e sente que ele começa a crescer. E a jovem lhe sorri. Em seguida, a paciente que está contando este sonho tenta colocar esse pequeno pênis em sua vagina, mas não dá certo. Ele é menor do que uma salsichinha!

Ela se pergunta se essa jovem não seria ela mesma. Essa mistura de "gêneros", diz ela, a perturba, a amedronta, a inquieta. Na véspera, ela sonhara que estava realizando uma conferência. Como um homem! Seria um pequeno pênis que não pode preencher as funções reservadas a um homem? Ela repensa, à sua maneira, o que, ainda na infância, ela queria sempre mostrar aos meninos: ela também podia fazer xixi contra uma cerejeira do pomar.

Em outro sonho, ela está em uma rua, de bruços sobre algo. Na frente, vê vidros e atrás, personagens refletidos que estão se beijando e se preparando para uma cena de amor.

E ela não deseja assistir à cena. Enquanto isso, um homem de nome Ernest está lhe soprando ar nas nádegas (Ernest, no passado, havia sido um contato profissional que subempreitava contratos de sua empresa, era alcoólatra, homossexual e pervertido. Na época, os seus contratos custavam muito para a empresária, e ela perdeu muito dinheiro por sua conta).

Ela associa de imediato que há algo de degradante no prazer anal.

Na sessão seguinte, lembra-se de que antes desse sonho, ela havia, no meio do dia, sido tomada por uma vontade violenta de fazer amor. Ela se toca inteira. Em seguida, aperta seu ventre com uma das mãos e com a outra acaricia a bunda. Sente um prazer intenso. Ela não tinha, inicialmente, ousado confessar-me esse ocorrido, mas acredita que o sonho tenha nascido ali. Fala em seguida de sua vergonha em masturbar-se, vergonha acrescida pelo fato de sentir grande prazer na região anal.

Há outras associações ainda que deixarei de lado, associações que a conduzem à ideia de que a prisão de ventre constante de sua infância era uma forma de masturbação. Ela não sabe como, nem o por quê, mas está certa disso. Encontram-se assim relacionados, neste fragmento, a sexualidade anal, a prisão de ventre e as perdas de dinheiro (Ernest). A questão profissional crítica – a do endividamento – ativa nela um registro erótico específico. Em seguida surgem questionamentos sobre os homens e as mulheres. Cada qual o seu sexo! O ânus não se presta a isso. É contranatural.

Ela deve produzir um catálogo de cerâmica especialmente dirigido para sua clientela japonesa, conta-me a paciente. Ela contrata um *designer*. Ele cobra um preço exorbitante: 30 mil euros. Ela lhe responde que tem para o projeto apenas 7,5 mil euros e que precisa de um esboço do catálogo para o final do mês. O *designer* aceita de pronto. Ela jamais teria sido capaz de uma tal atitude um ano antes, época do primeiro fragmento acima descrito. E também, acrescentou, "acertei os ponteiros" com outros fornecedores e clientes.

Na sessão seguinte, contou outro sonho: ela entra no banheiro em que sua filha está tomando uma ducha. Ela se dirige até o vaso. A filha a chama, e ela vê no vaso uma quantidade incrível de merda. Puxa a descarga sem que nada ocorra, o vaso não é esvaziado de seu conteúdo (fim do sonho).

Agora ela é capaz de perceber que não quer mais evacuar o dinheiro, até mesmo para os seus mais próximos, ou os filhos mesmos. Ela está efetivamente decidida a guardar para si esse dinheiro.

O que até então era atribuído, sem qualquer contestação possível, a uma resistência real *do mundo* – a saber: a confiscação do mercado por empresas multinacionais –, revela-se, no final das contas, *também* associado a uma resistência do real do seu *inconsciente*.

Realizar-se no campo social, para essa empresária, passa por sua provação enquanto mulher, com toda a complexidade das relações entre sexo e gênero, que lhe é necessário, em profundidade, remanejar. Tirar proveito do que a provação do trabalho é capaz de oferecer como ampliação da subjetividade passa pela perlaboração da resistência psíquica dessa mulher ao remanejamento de suas relações amorosas e filiais, mas ainda – o que não posso aqui desenvolver – pelo remanejamento de seu corpo erógeno, em particular no que diz respeito à sua sexualidade anal, que interfere nos prazeres e as defesas contra o prazer de manipular o dinheiro.

Ao relatar, mesmo que sumariamente, este fragmento, tenho por objetivo mostrar como, numa relação de serviço, a subjetividade, inclusive nas suas relações com o inconsciente, é posta em provação no *trabalho*. Trabalhar não é apenas enfrentar a resistência de seus clientes, é também enfrentar a resistência do inconsciente, do apego ao pai e da dificuldade para sua identidade e saúde mental de negociar com o gênero, em outras palavras, a resistência que contrapõe a própria personalidade ao remanejamento subjetivo que implica o reconhecimento e a apropriação de sua qualificação, de sua habilidade profissional. A realização de si pelo trabalho não se contrapõe apenas aos efeitos deletérios do trabalho, mas ainda à resistência própria da personalidade em beneficiar-se da ampliação da subjetividade. Para superar as dificuldades que ela encontrou caminho afora em seu trabalho e salvar a sua empresa, esta mulher deve modificar em profundidade sua relação com o dinheiro. Para tanto, deve remanejar até a arquitetura de seu corpo erógeno e a organização de sua sexualidade. Ela se depara então com novas dificuldades: aquelas que ocorriam em relação assumir a direção da empresa e em relação às incertezas do mercado. Deflagram-se então conflitos conjugais importantes, de modo similar aos que Danièle Kergoat descreveu acerca das operárias e técnicas.[8]

8 Helena Hirata & Danièle Kergoat. "Rapports sociaux de sexe et psychopathologie du travail", op. cit.

Por fim, depois de turbulências e ameaças de divórcio, o casal se recompõe. É agora o marido, oficial da polícia nacional, que lava a roupa e prepara as refeições em casa! Do ponto de vista sociológico, as relações de dominação no trabalho chacoalharam a dominação de gênero no espaço privado. O trabalho leva suas consequências para muito longe na subjetividade daquele que trabalha, mas envolve, *de facto*, os outros membros da família e – *nolens volens* – a economia conjugal como um todo.

Se esses excertos clínicos sugerem a extensão dos transtornos provocados na organização psíquica pela relação subjetiva com o trabalho, eles não passam de extratos. Ou seja: proporcionam apenas uma ideia da complexidade dos processos intrassubjetivos mobilizados pelo encontro com o "trabalhar". O que desejo sublinhar são dois pontos que me parecem cruciais quando se procura caracterizar a subjetividade em sua relação com o trabalho:

- O primeiro diz respeito à forma concreta sob a qual o *corpo* está envolvido no processo de familiarização e de assimilação da relação subjetiva com o "trabalhar". Observa-se que a subjetivação do trabalho pode, por vezes, ser a oportunidade de se submeter a subjetividade à provação, desembocando em sua ampliação e do poder de habitar o seu corpo e de experimentar a vida em si. É bem dessa maneira que o trabalho constitui uma segunda oportunidade para a construção do corpo erógeno e, ademais, pode autorizar, em algumas situações, restabelecer em profundidade os fundamentos da subjetividade. É o trabalho como mediador da construção da saúde mental.
- O segundo diz respeito ao lugar reservado ao *sonho*. Esses fragmentos não são nem excepcionais nem anedóticos. Ao contrário. Numerosos argumentos convergem para sustentar a ideia de que o sonho não é apenas a *testemunha*

contingente da maneira como a subjetividade é solicitada pela relação com o real do trabalho. Ousemos afirmá-lo: é por meio do sonho que se realiza sempre o verdadeiro *trabalho* de remanejamento do aparelho psíquico e do corpo erógeno sob o efeito da confrontação com o real da atividade.

Poiesis e Arbeit

Aqui é realmente indispensável estarmos atentos ao significado do termo " trabalho ". Valho-me das discussões empreendidas com Élisabeth Klein acerca de sua tese[9] sobre os conceitos de trabalho e de renúncia na metapsicologia. O trabalho proporcionado pelos sonhos não é o trabalho de produção propriamente dito. Ele não é a *poiesis*, ou seja, não é a atividade de produção orientada para o mundo. Este trabalho é um trabalho intrassubjetivo ou intrapsíquico de si sobre si. A este trabalho Freud deu o nome de "*Traumarbeit*", trabalho do sonho. (Em verdade, seria necessário introduzir aqui, com todo o rigor, algumas filigranas de grande relevância. Tal como o mostrou Laplanche, Freud considera que o sonho nada produz de outro que não seja o próprio sonho. Em particular, o sonho não produz transformações no sonhador. Pode-se, para poder melhor precisar a questão, consultar o debate com Laplanche acerca do que defendo sobre a "perlaboração pelo sonho".[10] Não impede que se Freud afirma este posicionamento tanto em "Traumdeutung"(1900) ("A interpretação dos sonhos") como em "Über den Traum" (1901) ("Sobre o sonho"), numerosas outras passagens de sua obra mostram que ele sabia reconhecer o poder

9 Élisabeth Klein. "Le concept de renoncement et le travail de culture dans l'oeuvre de Freud". Paris: Conservatoire National des Arts et Métiers (Cnam), 2006, tese de doutorado em psicologia.

10 Christophe Dejours. "Le rêve: Révélateur ou architecte de l'inconscient?". In: *Psychiatrie Française*, n. 37, pp. 7-28.

do sonho em metabolizar e traduzir os pensamentos em estado de latência durante o dia, para durante a noite serem "trabalhados").

Esse trabalho da subjetividade sobre ela mesma é, sim, o prolongamento do trabalho - *poiesis*, e esse prolongamento é necessário para a aquisição de uma habilidade, ou seja, para se ter acesso à apropriação carnal de uma técnica ou ainda de um conhecimento "pelo corpo" do saber-fazer técnico. No que diz respeito ao caso apresentado, trata-se do que poderíamos designar como o "tino comercial". Para designar esse trabalho psíquico, proponho conservar o termo freudiano *Arbeit*. Na literatura psicanalítica francesa, são raros os artigos a tratar a noção freudiana de trabalho. Em um artigo de 1975, François Lévy[11] conclui que não se deve conceituar a noção de trabalho em metapsicologia, uma vez que seu emprego é polissêmico, porque o encontramos em toda parte no texto freudiano, e ainda, porque é necessário preservar esse seu caráter indeterminado. Annie Birraux consagra um artigo à análise da noção de trabalho que leva, em sentido oposto, à conclusão de que essa noção deve, sim, ser designada e delimitada.[12] Sua exegese assimila ainda *poiesis* e *Arbeit* em um conceito sintético, ali onde, ao que me parece, torna-se possível, segundo a sua argumentação, destacar, graças à clínica do trabalho, o interesse de uma distinção analítica.

O termo *Arbeit* consta da metapsicologia freudiana sob numerosas formas, como o vimos no capítulo 2: além do trabalho do sonho, há o trabalho do luto (*Trauerarbeit*), o trabalho do recalcamento (*Verdrängunsgarbeit*), o trabalho de condensação (*Verdichtungsarbeit*), o trabalho da cultura (*Kulturarbeit*),

---

11 François Lévy. "La notion de travail chez Freud à l'endroit de la civilisation et de la cure analytique". In: *Revue Française de Psychanalyse*, n. 39, 1975, pp. 459-479.

12 Annie Birraux. "La notion de travail dans l'oeuvre de Freud". In: *Adolescence*, n. 28, 1996.

a perlaboração (*Durcharbeit*), termos que nos referimos em diversas oportunidades.

Onde Freud, mais explicitou o conceito de trabalho foi a propósito do trabalho do sonho, que para nós será o modelo mesmo do trabalho-*Arbeit*, ou seja, da perlaboração da experiência do inconsciente, tanto no processo da cura analítica como no processo de remanejamento da subjetividade que implica a apropriação da experiência do trabalho ordinário.

A subjetivação da relação com a matéria ou com o objeto técnico e a reapropriação dessa experiência pática em termos de ampliação da subjetividade passam por duas fases distintas:

- O trabalho-*poiesis* e o trabalho-*Arbeit* que se alternam, cada qual a complementar o outro. Uma imagem esportiva é bastante sugestiva para essa inferência da fase precedente: o *try* no rúgbi prenuncia sua conversão.
- A maioria dos homens e das mulheres que trabalham, com certeza, não fazem psicanálise. Em contrapartida, é fácil perceber que todos aqueles que estão autenticamente envolvidos com o seu trabalho têm sonhos profissionais. Em que pese o fato de esses sonhos não serem objeto de esclarecimentos psicanalíticos, eles não deixam de exercer o seu ofício de trabalho-*Arbeit* que tentei evocar transcrevendo esses fragmentos clínicos. Um trabalho-*Arbeit* cuja questão chave é o remanejamento do corpo erógeno. Nada menos. Em outros termos: através do trabalho-*Arbeit*, o trabalho-*poiesis* convoca a sexualidade que a incita a evoluir.

É o conceito de *Arbeit* que constitui o elo intermediário capaz de unir as duas "centralidades": centralidade do trabalho (*poiesis*), centralidade da sexualidade, para associá-las de modo irredutível em uma centralidade dupla. Os sonhos profissionais não se resumem a sonhos traumáticos. Sonhamos todos com o nosso trabalho, e o sonho é o mediador por intermédio do qual a experiência do trabalho se inscreve na subjetividade e a transforma.

Intrassubjetividade e compaixão

É na exata medida de minha capacidade de intuir ou de reconhecer plenamente a sutileza dos processos intrassubjetivos mobilizados em mim, quando de minha relação com o trabalho, que posso imaginar processos semelhantes em meus colegas, que se esforçam em fazer um trabalho de qualidade. Mas, em situação ordinária, não posso seguir, em uma situação ordinária, além dessa imaginação de compaixão, pois seria necessário passar pelo trabalho - *Arbeit* da psicanálise propriamente dita. Contudo, desde que se conheça o trabalho - *Arbeit* que se desenvolve em mim em resposta ao trabalho - *poiesis*, posso adotar uma postura de respeito em relação ao outro. Tocamos aqui no tema da ética do trabalho, desde que se considere a ética como essa preocupação que consiste em procurar os caminhos adequados para reconhecer e honrar a vida em si e no outro.

Relação subjetiva do trabalho e corpopriação do mundo

> *A obra, em outros termos, a igualização do trabalho de um ser humano com sua vida, é a condição da subjetivação do mundo. O "instrumento" não é originalmente nada mais do que o prolongamento do corpo subjetivo imanente, é como parte do corpo [orgânico], o que cede ao esforço e se dá como tal e apenas desta maneira. [...] Esta é a razão de o instrumento estar separado da*

> *natureza para estar livrado à iniciativa do corpo e posto à sua disposição.*

Essa apropriação e essa *corpopriação* originais entre o corpo e a terra, Michel Henry propõe designá-las pela expressão "*corpopriação do mundo*":

> *Transformamos o mundo; a história da humanidade nada mais é do que esta transformação, ao ponto que é impossível contemplar uma paisagem sem nela enxergar o efeito de uma certa praxis. Mas a transformação do mundo é tão só a realização e a atualização da corpopriação capaz de fazer de nós os habitantes da Terra na condição de seus proprietários [...].*
>
> *Enquanto perdurar o seu encobrimento pela praxis individual espontânea, a tekhnè é a expressão da vida, o direcionamento do poder do corpo subjetivo e por conseguinte uma das formas primeiras da cultura [...].*
>
> *As capacidades do indivíduo no trabalho e, em primeiro lugar, as capacidades corporais, não podemos abstraí-las por completo, é bem verdade, e isso por conta de a corpopriação permanecer o fundamento oculto, mas incontornável, da transformação do mundo rumo à idade da técnica como o seria rumo a qualquer outra.*[13]

Ao reconhecer – em razão da provação do trabalhar – a corpopriação do mundo (que, ao mesmo tempo, permite a descoberta deste mundo e revela para cada um de nós a vida em si), podemos então participar do reencantamento desse mundo.

---

13 Michel Henry. *La barbarie*, op. cit., pp. 83-84.

Desconhecer, negar ou refutar a relação entre subjetividade e trabalho é desabitar o mundo e condená-lo ao desencantamento: na ideologia que, em nome da ciência e da objetividade exclui a subjetividade da relação com o trabalho e a condena a uma proibição de permanência, a natureza que nos é então imposta é uma natureza morta onde reina a desolação.

Se a finalidade de toda ação política é o reencantamento do mundo, torná-lo novamente habitável pelo ser humano, nosso objetivo primeiro é claro: reconhecer de início o que o meu trabalho deve à minha subjetividade; reconhecer na sequência o que o trabalho dos demais deve às subjetividades de cada um e à subjetividade de todos.

Trabalho, corpo e sublimação

A provação que constitui para o corpo e para a subjetividade a confrontação com o real da tarefa é potencialmente repleta de benefícios subjetivos para o indivíduo.

Mas o trabalho não se resume à confrontação com o real da tarefa a ser desempenhada, é também confrontação do real com o inconsciente. O trabalho como *poiesis* faz surgir uma exigência de trabalho – *Arbeit* – para o psiquismo, uma exigência de trabalho imposta à subjetividade sobre si. Aqui a sublimação segue um caminho mais complicado do que para as revelações da inteligência. É como se fosse o trabalho que, chegando inicialmente ao encontro com o inconsciente, exigisse secundariamente um remanejamento do aparelho da alma e mais especificamente das relações entre o Id e o Eu, ou entre o inconsciente e o pré-consciente; desta vez por causa de uma perlaboração (*Durcharbeitung*), que é uma produção pura da subjetividade. O trabalho funciona aqui como um catalisador possível desse processo designado pela fórmula freudiana: "*Wo Es war soll Ich werden*" ["Onde era Isso, há de ser Eu"].

O trabalho revela-se, por vezes – e a clínica o confirma – como um meio potente de se harmonizar com seu próprio corpo e, ademais, de amar o seu corpo enquanto ele é a condição imanente pela qual a vida se experimenta em si mesma e desfruta de si. O amor de si, no trabalho, é amor de seu próprio corpo e, dessa maneira, o trabalho é uma via possível em direção ao narcisismo.

Certamente é essa contribuição possível da provação do trabalho para o narcisismo que a inscreve no registro da sublimação, no sentido amplo do termo, ou seja, daquilo que designaremos pela fórmula "sublimação ordinária" (cf. tomo II).

Mas a provação do trabalho é por vezes a oportunidade de experimentar uma continuidade entre o saber-fazer individual, vivo e subjetivo, de um lado, e a cultura, de outro. Trata-se de outra dimensão essencial da sublimação, para além da dimensão narcísica evocada há pouco. Abre-se aqui o domínio do que designaremos pela expressão "sublimação extraordinária". A perlaboração da experiência do "trabalhar" deixa então entrever no horizonte aquilo que Freud sugere sob a denominação de "trabalho de cultura". *Durcharbeiten* e *Kulturarbeit* designam duas dimensões que poderiam encontrar-se e articular-se. Mas a sinergia entre *Durcharbeiten* e *Kulturarbeit* não é algo que se dá de forma natural. Ao contrário. Supõe de antemão condições muito específicas que ultrapassam os limites do processo estritamente individual. Essa sinergia é tributária de um certo regime de comunicação no registro social e político.

A análise das condições sociais e políticas da sublimação passa pela explicação das dimensões coletivas do "trabalhar" que não podem ser deduzidas da dimensão individual do trabalho, porque mobilizam competências que não podem se formar a confrontação com o coletivo. É nessa análise, precisamente, que será dedicado o segundo tomo deste livro: “Trabalho e emancipação”.

Conclusão

Seria a psicodinâmica do trabalho capaz de contribuir e fazer progredir a teoria do sujeito proveniente da psicanálise? Se uma tal suposição não fosse um absurdo, a psicodinâmica do trabalho poderia convergir no que está posto em relevo no tomo I deste livro, a saber: a inteligência no trabalho é principalmente e antes de tudo uma inteligência do corpo. A engenhosidade do corpo não está presente antes do trabalho. Sua formação passa pela apropriação do mundo, da matéria, da ferramenta ou do objeto técnico pelo corpo. Ela origina-se na "*corpopriação do mundo*", conceito emprestado da fenomenologia material de Michel Henry. Este volume é consagrado à tentativa de análisá-la; partindo da clínica, os elementos propulsores concretos que poderiam estar no princípio mesmo do que se designa, desde Marx, pela expressão "*trabalho vivo*".

Mas o corpo da corpopriação do mundo não é o corpo fisiológico. É um segundo corpo, o corpo erótico, que nasce do primeiro através de um processo complexo: a subversão libidinal do corpo fisiológico. Esse segundo corpo, mesmo que tenha sido designado por uma certa quantidade de autores – como Schilder, Panlow e Dolto (a imagem do corpo) ou com Anzieu (o Eu-pele) –, não foi vislumbrado por Freud.

A clínica da inteligência no trabalho sugeriria o prosseguimento, segundo esses mencionados autores, da exploração teórica de uma metapsicologia do corpo. Reencontraríamos, com um tal procedimento, a ideia de um Eu-corpo que, todavia, seria menos um "Eu-pele" do que um "Eu-esforço". Pois é pelo esforço, no sentido cunhado por Maine de Biran, que a inteligência do corpo sobrevém. Realmente, a aquisição de novas habilidades profissionais, no trabalho de produção tanto agrícola como industrial ou do setor de serviços, implica a mobilização de uma sensibilidade do corpo que não preexiste ao "trabalhar" e à resistência que o real do mundo opõe ao domínio técnico. É com base na perseverança frente ao sofrimento e ao fracasso, inseparável de toda atividade de trabalho, que nascem por vezes novos registros de sensibilidade. Uma vez que estes últimos não existiam antes da experiência do trabalho, o "trabalhar" constitui uma segunda oportunidade depois da infância, para ampliar os poderes do corpo de provar-se a si próprio de desfrutar de si.

Mas a passagem da experiência do trabalho à formação de novos registros de sensibilidade não é mecânica. Supõe, ao contrário, uma mobilização de toda a subjetividade que exige até mesmo a capacidade de sonhar com o seu trabalho, para transformar-se a si próprio e adquirir, dessa maneira, com os novos registros de sensibilidade, novas habilidades profissionais.

Em outros termos: o "trabalhar" – a *poiesis* – exige novas habilidades que resultam de outro trabalho – que de ponta a ponta é psíquico – um trabalho de si sobre si, que adquire não apenas a forma do trabalho do sonho (*Traumarbeit*), como também da elaboração (*Erarbeiten*) ou da perlaboração (*Durcharbeiten*). Trabalho psíquico que se traduz por um desenvolvimento do aparelho psíquico (ou aparelho anímico – *Seelenaparat*) ou ainda por um "progresso", para retomar a expressão de Freud.

Mas ao se traduzir o termo alemão *Arbeit* como "trabalho", em francês, seria possível retomar esse mesmo termo para designar o "trabalho" de produção (*poiesis*)? Em verdade, são dois processos de trabalho completamente distintos. Essa é a razão de ser indispensável precisar, a todo instante, o que se entende por trabalho: trabalho de produção ou *poiesis*, trabalho psíquico ou *Arbeit*. Mas o que a clínica revela é que não pode haver *poiesis* sem que haja *Arbeit*. Em outras palavras: não há trabalho de produção de qualidade sem trabalho de remanejamento da organização psíquica, que alcança as partes mais delicadas de sua arquitetura. O conjunto do processo, que, partindo da *poiesis* é concluído pelo *Arbeit*, é esse processo mesmo que é designado pelo termo de *trabalho vivo*.

Poiesis e *Arbeit* são inseparáveis, mas distintos. Onde situar suas diferenças? O trabalho se distingue de uma atividade qualquer pelo fato de ele produzir *valor* ou riquezas, e de, por essa razão mesma, questão das relações de *dominação*. Não é o caso do trabalho psíquico – *Arbeit* –, que se expande integralmente à margem das relações sociais de dominação. Isso não implica, contudo, que essa parte do trabalho vivo esteja imune de todo constrangimento. Ao contrário! O inconsciente e as pulsões sexuais exercem pressões de grande constrangimento sobre o Eu. O "Sexual" – ou seja, o princípio que na vida psíquica busca a excitação e a ampliação do prazer – não tem a ver com a preservação do Eu e, ademais, é fundamentalmente associal, ou mesmo antissocial. Sua força, que não é outra que a força do inconsciente, enfraquece o Eu. Há no constrangimento exercido pela pulsão algo que se opõe à liberdade e à autonomia do Eu. Como o diz Freud: "o Eu não é senhor em sua própria casa".

Essa face do trabalho vivo que constitui o trabalho psíquico – *Arbeit* – provoca, em determinados casos, remanejamentos do aparelho psíquico que se traduzem também por remanejamentos do corpo. Isso supõe que antes desses remanejamentos, o segundo corpo – o corpo erótico, que é também o corpo da inteligência e da habilidade – estava inacabado.

No confronto com o real do trabalho, esse corpo inteligente entra com uma história: a da subversão libidinal e das relações entre o adulto e a criança chanceladas, sobretudo pelos "acidentes" da sedução, pelas interrupções do processo que marcaram o segundo corpo com verdadeiras mutilações.

Esses acidentes da sedução se traduzem na esfera da organização do aparelho psíquico (tópica) por uma clivagem que, em diferentes graus, se encontra em todos os seres humanos.

Essa clivagem que atravessa o aparelho psíquico por inteiro, até o próprio inconsciente, instala no funcionamento psíquico – ou "anímico"– a possibilidade fundamental de uma duplicidade que talvez seja o problema fundamental legado por esse percurso entre sexualidade e trabalho. O ser humano é duplo. Em nome do trabalho, da produtividade e da rentabilidade ele pode ser levado a imprimir a sua contribuição a atos que moralmente reprova. E não entra sempre em crise, não obstante as contradições patentes que resultam de sua implicação em atos, atividades ou ações profissionais que parecem bem incompatíveis com os engajamentos intelectuais e de ordem moral assumidos na esfera privada.

Como um sujeito consegue manter essa clivagem e com isso não deixar-se submergir na angústia? A fórmula mais corrente é a da "*akrasia*", ou seja, essa fraqueza da vontade que leva a agir no sentido oposto àquele que indica o juízo ou a razão: "*Video meliora proboque, deteriora sequor*" ("Vejo o melhor e o aprovo, faço o pior").[1]

1 Baruch Spinoza. *Éthique* [1677], Livro IV, proposições 15-17.

Mas essa falta de vontade tem por peculiaridade o fato de ela permitir agir de maneira oposta ao que acredito como sendo justo ou correto, e isso não apenas na ocasião de um ato ou de uma ação pontual, sob o impacto de uma paixão que me envolve por inteiro, mas ao longo de toda a minha vida profissional, a cada dia, sempre. A *akrasia* aqui em pauta não é motivada pela paixão, tal qual era entre os clássicos, de Platão a Spinoza, de Maquiavel a Racine, mas pela comodidade, por ser mais fácil e mais vantajoso do que entrar em resistência.

Graças a essa clivagem akrásica, sei o que é justo e o que é o correto, defendo em alto e bom som, o que tenho como justo e correto. Ademais, respeito esses julgamentos na maioria dos atos de minha vida cotidiana. Mas, ao mesmo tempo, faço de minha vida profissional o inverso do que me indica meu senso moral.

A fraqueza da vontade, no presente caso, começa aquém do ato: ela está direcionada ao *pensamento mesmo*. O que abandono no estado de impensado é precisamente a contradição entre o que digo e o que faço de maneira coerente, de um lado, e o que faço no sentido inverso do que digo, de outro. Pois se eu enfrentasse essa contradição, eu seria tomado e logo dilacerado pela angústia. E se eu não conseguisse me desvencilhar de um tal conflito, terminaria por adoecer (descompensação psicopatológica ou somática).

A falta de vontade, aqui, é levada e precedida por uma forma particular de *preguiça* intelectual: meu pensamento se embota quando se aproxima o conflito entre o pensar e o agir, ele entra em marcha lenta, se ausenta, escorrega para outra coisa, se liquefaz, foge de si próprio. Logo passo a pensar em outra coisa, me distraio, de sorte que me afasto do conflito. E quando alguém vem me pedir alguma prestação de contas com alguma insistência, respondo com frases prontas, filosofia de botequim, *slogans* ou estereótipos (pensamentos de empréstimo): "É assim mesmo; não dá para fazer de outra maneira; são ordens; não tenho escolha; é o sistema; temos de ser realistas...".

Essa preguiça intelectual é, em suma, a covardia a mais simples e a mais ordinária. Permite, de maneira econômica, manter a clivagem, permite viver simultaneamente segundo uma regra moral e ser oportunista. E assim de permanecer em "boa saúde".

A *akrasia* em questão envolve toda a organização mental. Aquele que não for akrasíaco é, ao inverso do precedente, repetida e constantemente tomado pelo conflito interior. Tão logo vislumbrou ou ganhou consciência da contradição daquilo que tem como justo, por um lado, e uma ação; ou mesmo uma simples intenção que o levaria a cometer ou a colaborar com algo que reprova, por outro, é tomado pela angústia da covardia, do comprometimento ou da traição de si próprio. E a angústia não o larga enquanto não encontrar uma solução para o conflito que o assombra. É a razão pela qual a autonomia moral custa tão caro, é arriscada em relação ao equilíbrio psíquico. É mais cômodo, vis-à-vis à saúde mental, escorregar para a posição perversa do que manter-se firme quanto às suas exigências éticas.

Desde Freud a questão do sujeito deslocou-se de um sujeito consciente possuidor de um poder soberano pela utilização da razão para a de um sujeito dividido, ou de um Eu que não é senhor em sua própria casa, visto que uma parte dele próprio, que reside no inconsciente sexual recalcado, lhe é e sempre lhe será estranha. Hoje é sem dúvida necessário dar um passo a mais: a clivagem do Eu, que atravessa até o inconsciente, deixa-se conhecer pela duplicidade fundamental e primária do sujeito em relação a si próprio, cujo instrumento é uma preguiça do pensamento que poderia estar no princípio da banalidade do mal, em todo ser humano. É uma questão que, *a contrario*, sugere que a coragem não deveria ser originariamente pensada em sua relação com o perigo advindo do exterior, e sim na vontade de lutar consigo mesmo para recusar a facilidade que consiste em ceder para a *akrasia*.

De que maneira a relação subjetiva com o trabalho constitui uma provação para essa fraqueza comum da vontade de pensar? O trabalho, enquanto trabalho de produção (*poiesis*), em nível individual, não implica a provação da clivagem. O que aparece, no entanto, das análises apresentadas neste volume, é que o trabalho doméstico é sempre uma provação, por colocar, inevitavelmente, a questão da servidão e da dominação no seio de um casal ou de uma família. E a questão da emancipação ou da alienação começa, para cada um, pela maneira como ele ou ela conduzem (ou evitam) a luta contra a virilidade e contra o machismo, de um lado, a mulheridade, de outro.

Para além da relação de trabalho na esfera doméstica, o trabalho coletivo e a cooperação colocam de modo muito mais contundente que o trabalho individual a questão da autonomia e da capacidade de sustentar uma posição pessoal, diferente das demais, ou mesmo em oposição a essas, no espaço de deliberação onde são produzidas e inventadas as regras de trabalho e as regras de ofício. O que a dimensão coletiva do trabalho introduz no plano ético e político, tanto através da cooperação como pelas estratégias coletivas de defesa, isso é tema a ser especificamente tratado no tomo II: "Trabalho e emancipação".

Mas, para o clínico, abordar a questão da centralidade política do trabalho – ou seja: da força de transformação contida no trabalho em relação à evolução da sociedade e do vir a ser da pólis –, abordar pois, a questão da centralidade política do trabalho supõe pensar a emancipação e seus limites apoiando-se em um modelo da condição humana que não seja ingênuo: uma antropologia que, esclarecida pela teoria do trabalho e pela teoria da sexualidade, admite por ponto de partida essa fraqueza natural do ser humano que reside na clivagem e na *akrasia* e faz dele, em primeiro lugar, um ser capaz de colaborar com o que há de pior, em outros termos, de voltar-se contra a vida; mas uma antropologia que não ignore, no entanto, que os riscos e as consequências dessa fraqueza podem ser superados através da organização do trabalho. Com a condição, contudo, de que esta última respeite os princípios precisos a ser examinados no tomo II. O trabalho permite repelir as fraquezas da vontade quando oferece aos indivíduos a oportunidade de se implicar numa construção coletiva bem específica: a cooperação. Por repousar na mobilização da liberdade da vontade e numa atividade de produção de regras (atividade deôntica), a cooperação pode contribuir para cultivar o que há de mais admirável no ser humano.

Referências

Andrieu, Bernard. La *neurophilosophie*. Paris: Presses Universitaires de France, 1998.

Anzieu, Didier. "Les signifiants formels et le moi-peau". In: *Les Enveloppes Psychiques*, coletânea. Paris: Dunod, 1987.

Arendt, Hannah. *The origins of totalitarism*. Nova York: Harcourt, Brace and World Inc., 1951; tradução francesa *Le système totalitaire. Les origines du totalitarisme*. Coleção "Points". Paris: Seuil, 2005.

______. *The human condition*. Chicago: University of Chicago Press, 1958; tradução francesa *Condition de l'homme modern*. Paris: Calmann Lévy, 1981.

Barbier, Jean-Claude & Henri Nadel. *La flexibilité du travail et de l'emploi*. Paris: Flammarion, 2000.

Barrot, Adrien. *Si c'est un juif*. Paris: Michalon, 2007.

Bataille, Georges. *L'érotisme*. Paris: Minuit, 1957.

Bégout, Bruce. *Maine de Biran, la vie intérieure*. Coleção "Petite Bibliothèque Payot". Paris: Payot, 1995.

Birraux, Annie. "La notion de travail dans l'oeuvre de Freud". In: *Adolescence*, n. 28, 1996.

Boerhaave, Herman. *Praelectiones acadamicae de morbis nervorum*. Leyden: 1761.

Böhle, Fritz & Brigit Milkau. "Vom Handrad zum Bildschirm". Munique: Campus, Institut für Sozialwissenschaftliche Forschung e.v. ISF, 1991; tradução francesa in C. Ancelin *et alii*, *De la manivelle à l'écran. L'évolution de l'expérience sensible des ouvriers lors des changements technologiques*. Coleção "DER d'EDF". Paris: Eyrolles, 1998.

Bonnefoy, Yves. *Giacometti*. Paris: Flammarion, 1991.

Boutet, Josiane (org.). *Parole au travail*, Paris, L'Harmattan, 1995.

Bowlby, John. *Attachement*, tomo I. Paris: Presses Universitaires de France, 1978 [1969].

______. *Anxiety and anger*; tradução francesa *La séparation. Angoisse ou colère*. Paris: Presses Universitaires de France, 1978 [1973].

Braunschweig, Denise & Michel Fain. *La nuit, le jour. Essai psychanalytique sur le fonctionnement mental*. Paris: Presses Universitaires de France, 1975.

Butler, Judith. *Gender trouble. Feminism and the subversion of identity*. Nova York: Routledge, Chapman & Hall, Inc., 1990; tradução francesa *Trouble dans le genre. Le féminisme et la subversion de l'identité*. Paris: La Découverte, 2005.

Cabanis, Pierre-Jean-Georges. *Rapports du physique et du moral de l'homme*. Paris: Crapart, Caille et Ravier Libraires, An X, 1802.

Canguilhem, Georges. “Le cerveau et la pensée”. In: *Prospective et Santé*, n. 14, 1980.

Canto-Sperber, Monique (org.). *Dictionnaire d’éthique et de philosophie morale*, tomo II, verbete “Sociologie”. Paris: Presses Universitaires de France, 2004.

Carpentier-Roy, Marie-Claire & Michel Vezina. *Le travail et ses malentendus*. Montréal/Toulouse: Les Presses de l’Université Laval/Octarès Éditions, 2001.

Chabert, Catherine. *Didier Anzieu*. Paris: Presses Universitaires de France, 1996.

Chestov, Léon. *La philosophie de la tragédie. Dostoïevski et Nietzsche*. Paris: Flammarion, 1966 [1902].

Changeux, Pierre. *L’homme neuronal*. Paris: Fayard, 1983.

Clot, Yves. *Le travail sans l’homme?* Paris: La Découverte, 1995.

Dagognet, François. *Faces, surfaces et interfaces*. Paris: Vrin, 1982.

Daniellou, François; Antoine Laville & Catherine Teiger. *Fiction et réalité du travail ouvrier*. Paris: “La Documentation Française”, *Les Cahiers Français*, n. 209, 1983.

Dejours, Christophe. *Recherches psychanalytiques sur le corps. Répression et subversion en psychosomatique*. Paris: Payot, 1989.

______. *Travail: Usure mentale. De la psychopathologie à la psychodynamique du travail*. Nova edição ampliada. Paris: Bayard, 1993.

______. “La corporéité entre psychosomatique et sciences du vi-vant”. In: Isabelle Billiard. *Somatisation, psychanalyse et sciences du vivant*. Paris: Eshel, 1994.

______. "Centralité du travail et théorie de la sexualité". In: *Adolescence*, n. 14, 1996.

______. "Causalité psychique et psychosomatique. De la clinique la théorie". In: Gérard Le Gouès, Georges Pragier (org.). *Cliniques psychosomatiques*. Coleção "Monographies de la *Revue Française de Psychanalyse*". Paris: Presses Universitaires de France, 1997.

______. *Le corps d'abord. Corps* érotique, *corps biologique et sens moral*. Paris: Payot, coleção "Petite Bibliothèque Payot", 2003 [2001].

______. *Les dissidences du corps. Répression et subversion en psychosomatique*. Coleção "Petite Bibliothèque Payot". Paris: Payot, 2009.

______. *Gouvernementalité des corps, médicalisation du social,* no prelo.

Delauretis, Teresa. *Freud's drive: Psychoanalysis, literature, and film*. Londres: Palgrave/Macmillan, 2008.

Delphy, Christine. *L'ennemi principal*, tomo II "Penser le genre". Paris: Syllepse, 2001.

Dement, William C. *Some must watch while some must sleep*; tradução francesa *Dormir, rêver*. Paris: Seuil, 1980 [1972].

Deranty, Jean-Philippe. "Repressed materiality: Retrieving the materialism in Axel Honneth's theory of recognition". In: Jean-Philippe Deranty, Danielle Petherbridge, John Rundell, Robert Sinnerbrink (org.). *Recognition, work, politics: New directions in french critical theory*. Leiden-Boston: Brill, 2007.

Derrida, Jacques. "L'impossible au-delà d'une souveraine cruauté". In: René Major (org.). États *généraux de la psychanalyse*. Paris: Aubier, 2003.

Detienne, Marcel & Jean-Pierre Vernant. *Les ruses de l'intelligence. La* mètis *des Grecs*. Paris: Flammarion, 1974.

Düll, Klaus. *De la conception d'un atelier flexible*. Munique: Institut für Sozialwissenschaftliche Forschung e.v., 1995.

Fagot-Largeault, Anne. "Approche médicale de la causalité dans les systèmes complexes". In: *Archives Internationales de Physiologie et de Biochimie*, n. 94, 1986.

Ferenczi, Sandor. "Sprachverwirrung zwischen den Erwachsenen und dem Kind"; tradução francesa *Confusion de langue entre les adultes et l'enfant*. Coleção "Petite Bibliothèque Payot". Paris: Payot, 2004 [1932].

______. "Die Leidenschaft der Erwachsenen und deren Einfluss auf Charakter und Sexualentwicklung der Kinder"; tradução francesa "Le langage de la tendresse et de la passion". In: S. Ferenczi, *Confusion de langue entre les adultes et l'enfant*. Coleção "Petite Bibliothèque Payot". Paris: Payot, 2004 [1932].

Forthomme, Bernard. "La folie est-elle affectivité?". In: Alain David & Jean Greisch (org.). *Michel Henry, l'épreuve de la vie*. Paris: Cerf, 2001.

Fortino, Sabine. "La mise à distance des pauvres. Gestion de la précarité, effacement de la subjectivité et résistances". In: Danielle Linhart (org.). *Pourquoi travaillons-nous?*. Ramonville Saint-Agne: Érès, 2008.

Freud, Sigmund. *Die Traumdeutung*, in *Gesammelter Werke*, II-III, Frankfurt am Main, S. Fischer Verlag, 1942; tradução francesa I.

Meyerson. *L'Interprétation des rêves*. Paris: Presses Universitaires de France, 1967 [1900].

______. *Drei Abhandlungen zur Sexualtheorie*, in *Gesammelter Werke*, V. Frankfurt am Main: S. Fisher Verlag, 1949, tradução francesa J. Laplanche. *Trois essais sur la théorie sexuelle*. In: *Oeuvres Complètes*, VI. Paris: Presses Universitaires de France, 2006 [1905].

______. "Contribution à la psychologie de la vie amoureuse: D'un choix particulier d'objet sexuel chez l'homme". In: *La vie sexuelle*, *Oeuvres Complètes*, X. Paris: Presses Universitaires de France, 1993 [1910].

______. *Triebe und Triebschicksale*. In: *Gesammelte Werke*, X. Frankfurt am Main: Fischer Verlag 1946; tradução francesa "Pulsions et destins de pulsions". In: *Métapsychologie*. Paris: Gallimard, 1968; e *Pulsions et destins de pulsions*, *Oeuvres Complètes*, XIII. Paris: Presses Universitaires de France, 1988 [1915].

______. "Le refoulement". In: *Métapsychologie*. Paris: Gallimard, 1968 et *Oeuvres Complètes*, XIII. Paris: Presses Universitaires de France, 1988 [1915].

______. *Eine Schwirigkeit der Psychoanalyse*. In: *Gesammelte Werke*, XII. Frankfurt am Main: Fischer Verlag; tradução francesa "Une difficulté de la psychanalyse" (1917). *L'Inquiétante* étrangeté *et autres essais*. Coleção "Folio Essais". Paris: Gallimard, 1985; e *Oeuvres Complètes*, XV. Paris: Presses Universitaires de France, 1995 [1917].

______. "Jenseits des Lustprinzips". In: *Gesammelter Werke*, XIII. Frankfurt am Main: S. Fischer Verlag, 1998, tradução francesa J. Laplanche et J.-B. Pontalis. "Au delà du principe de plaisir". In:

Essais de psychanalyse. Coleção "Petite Bibliothèque Payot". Paris: Payot, 1981 [1920].

______. "Le moi et le ça". In: *Essais de psychanalyse*. Coleção "Petite Bibliothèque Payot". Paris: Payot, 2001 [1923].

______. "Le problème économique du masochisme". In: *Névrose, psychose et perversion, Oeuvres Complètes*, XVII. Paris: Presses Universitaires de France, 1992 [1924].

Gernet, Isabelle. "Corps et subjectivité". In: *L'Évolution Psychiatrique*, n. 72, 2007.

Gernet, Isabelle & Christophe Dejours. "La psychosomatique, entre croyance et argumentation". In: *Psychiatrie Française*, n. 37, 2006.

Godelier, Maurice. *Métamorphose de la parenté*. Paris: Fayard, 2004.

Goffman, Erving. *Mise en scène de la vie quotidienne*, tomo I. "La présentation de soi". Paris: Minuit, 1973.

Gournay, Maryvonne, Françoise Lanièce & Isabelle Kryvenac. "Étude des suicides liés au travail en Basse-Normandie". In: *Travailler*, n. 12, 2004.

Habermas, Jürgen. *La technique et la science comme "idéologie"*. Coleção "Tel". Paris: Gallimard, 1995 [1968].

Henry, Michel. *Philosophie et phénoménologie du corps*. Paris: Presses Universitaires de France, 1965.

______. *Généalogie de la psychanalyse. Le commencement perdu*. Paris: Presses Universitaires de France, 1985.

______. *La barbarie*. Paris: Grasset, 1987.

Hirata, Helena & Danièle Kergoat. "Rapports sociaux de sexe et psychopathologie du travail". In: *Plaisir et souffrance dans le travail*, tomo II. Paris: Laboratoire de Psychologie du Travail et de l'Action Conservatoire National des Arts et Métiers (Cnam), 1988.

Honneth, Axel. *Kampf um Anerkennung*. Frankfurt am Main. Suhrkamp Verlag, 1992; tradução francesa *La lutte pour la reconnaissance*. Paris: Cerf, 2000.

Jouvet, Michel. "Le comportement onirique". In: *Pour la Science*, n. 25, 1979.

Kahn, Laurence. *Faire parler le destin*. Paris: Klincksieck, 2005.

Kergoat, Danièle. "Le rapport social de sexe (De la reproduction des rapports sociaux à leur subversion)", communicação pessoal da autora, 2001.

Klein, Élisabeth. "Le concept de renoncement et le travail de culture dans l'œuvre de Freud". Paris: Conservatoire national des Arts et Métiers (Cnam), 2006, tese de doutorado em psicologia.

Lancman, Selma *et alii*. "Agente comunitário de saúde: Um trabalhador na 'berlinda'. Estudo em psicodinâmica do trabalho". In: *Travailler*, n. 17, 2007.

Laplanche, Jean & Jean-Bertrand Pontalis. *Vocabulaire de la psychanalyse*. Coleção "Quadrige". Paris: Presses Universitaires de France, 2007.

Laplanche, Jean. "Les principes du fonctionnement psychique. Tentative de mise au point". In: *Le primat de l'autre*. Paris: Flammarion, 1997 [1969].

______. "Fondements: Vers la théorie de la séduction généralisée". In: *Nouveaux fondements pour la psychanalyse*. Paris: Presses Universitaires de France, 1987.

______. *Nouveaux fondements pour la Psychanalyse*. Paris: Presses Universitaires de France, 1987.

______. "La révolution copernicienne inachevée". In: *Le Primat de l'autre en psychanalyse*. Paris: Flammarion, 1997 [1992].

______. *Le fourvoiement biologisant de la sexualité chez Freud*. Paris: Les Empêcheurs de penser en rond, 1993.

______. "La soi-disant pulsion de mort: Une pulsion sexuelle". In: *Adolescence*, n. 15, 1997.

______. *Entre séduction et inspiration: L'homme*. Paris: Presses Universitaires de France, 1999.

______. "Le genre, le sexe, le sexual". In: André Green (org.). *Sur la théorie de la séduction*. Coleção "Libres Cahiers pour la Psychanalyse". Paris: In Press Éditions, 2003.

______. *Sexual: La sexualité* élargie *au sens freudien. 2000-2006*. Coleção "Quadrige". Paris: Presses Universitaires de France, 2007.

______. "Le crime sexuel". In *Sexual: La sexualité* élargie *au sens freudien. 2000-2006*. Coleção "Quadrige". Paris: Presses Universitaires de France, 2007.

______. "Inceste et sexualité infantile. (Conférence de Vienne 2006)". In: *Sexual: La sexualité* élargie *au sens freudien. 2000-2006*. Coleção "Quadrige". Paris: Presses Universitaires de France, 2007.

Le Breton, David. "Le recours au corps en situation de souffrance chez les jeunes générations". In: Joyce Ain (org.). *Résonances. Entre corps et psyche*. Paris: Érès, 2004.

Levy, François. "La notion de travail chez Freud à l'endroit de la civilisation et de la cure analytique". In: *Revue Française de Psychanalyse*, n. 39, 1975.

Ludin, Josef. “La création du sujet”. In: *Documents et Débats, Bulletin intérieur de l’Association psychanalytique de France*, n. 50, 1998.

Maine de Biran. *De l’aperception immédiate. Mémoire de Berlin 1807*, in *Oeuvres*, IV. Paris: Vrin, 1995.

______. *Essai sur les fondements de la psychologie*. In: *Oeuvres*, VII-2. Paris: Vrin, 2001.

______. *Journal*, edição integral publicada por Henri Gouhier, 3 tomos. Neûchatel: Éditions de la Baconnière, 1954-1955.

Martens, Francis. “‘Apostille’ à ‘Psychanalyse et science. Sur le zinc avec Karl Popper ou de l’inconvénient d’accommoder les fraises comme des échalottes’”. In: *Psychiatrie Française*, n. 37, 2006.

Marty, Pierre. “La dépression essentielle”. In: *Revue Française de Psychanalyse*, n. 32, 1968.

Marty, Pierre & Michel de M’uzan. “La pensée opératoire”. In: *Revue Française de Psychanalyse*, n. 27, 1963.

Marty, Pierre; Michel Fain, Michel de M’uzan & Christian David. “Le cas Dora et le point de vue psychosomatique”. In: *Revue Française de Psychanalyse*, n. 32, 1968.

Marzano, Michela. *Extension du domaine de la manipulation. De l’entreprise à la vie privée*. Paris: Grasset, 2008.

Mathieu, Nicole-Claude. *L’anatomie politique. Catégorisations et idéologies du sexe*. Paris: Côté Femmes Éditions, 1991.

Mauss, Marcel. “Les techniques du corps”. In: *Sociologie et anthropologie*. Paris: Presses Universitaires de France, 1934.

Merleau-Ponty, Maurice. "Le primat de la perception et ses conséquences philosophiques". In: *Bulletin de la Société Française de Philosophie*, n. 41, 1947.

Molinier, Pascale. "Psychodynamique du travail et identité sexuelle". Paris: Conservatoire National des Arts et Métiers (Cnam), 1995, tese de doutorado em psicologia.

______. "Travail et compassion dans le monde hospitalier". In: *Les Cahiers du Genre*, "La relation de service: regards croisés", n. 28, 2000.

______. *L'Énigme de la femme active.* Égoïsme, *sexe et compassion.* Coleção "Petite Bibliothèque Payot". Paris: Payot, 2006.

Offe, Klaus. "Le travail comme catégorie de la sociologie". In: *Les Temps Modernes*, n. 466, 1985.

Pankow, Gisela. "Image du corps et psychosomatique". In: *L'Évolution Psychiatrique*, n. 38, 1973.

______. *L'être-là du schizophrène. Contributions à la méthode de structuration dynamique dans les psychoses.* Paris: Aubier- Montaigne, 1981.

Piattelli-Palmarini, Massimo (org.). *Théorie du langage et théo-rie de l'apprentissage. Le débat entre Jean Piaget et Noam Chomsky.* Paris: Seuil, 1979.

Pinto, Josiane. "Une relation enchantée: La secrétaire et son patron". In: *Actes de la Recherche en Sciences Sociales*, n. 84, 1990.

Pommier, François. *L'extrême en psychanalyse.* Paris: Éditions Campagne Première, 2008.

Rabinovitch, Gérard. *De la destructivité humaine.* Paris: Presses Universitaires de France, 2009.

Renault, Emmanuel. "Reconnaissance et travail". In: *Travailler*, n. 18, 2007.

Reynaud, Jean-Daniel. *Les règles du jeu. L'action collective et la régulation sociale*. Paris: Armand Colin, 1989.

Riviere, Joan. "Womanliness as a masquerade". In: *International Journal of Psychoanalysis*, n. 10, 1929.

Roiphe, Hermann & Eleanor Galenson. *Infantile origins of sexual identity*. Nova York: International Universities Press, 1981; tradução francesa *Naissance de l'identité sexuelle*. Paris: Presses Universitaires de France, 1987.

Royer-Collard, Antoine-Athanase. "Abrégé de la doctrine contenue dans le *Mémoire* de M. Maine de Biran. Difficultés et obscurités qu'elle me paraît offrir". In: Maine de Biran, *Oeuvres*, IX, appendice XIV. Paris: Vrin, 1990 [1821].

Salmona, Michèle. *Les paysans français. Le travail, les métiers, la transmission des saviors*. Paris: L'Harmattan, 1994.

Scarfone, Dominique. *Oublier Freud? Mémoire pour la psychanalyse*. Montréal: Boréal, 1999.

Schneider, Monique. "Le sujet en souffrance". In: Alain David & Jean Greisch (org.). *Michel Henry, l'épreuve de la vie*. Paris: Cerf, 2001.

Spinoza, Baruch. Éthique (1677), livre III, proposition 2, scolie et livre IV, propositions 15-17.

Stoller, Robert. "X S M". In: *Nouvelle Revue de Psychanalyse*, n. 43, 1991.

Sznelwar, Laerte. "Alain Wisner: Le développement de l'ergonomie et de la pensée sur le 'travailler'". In: *Travailler*, n. 15, 2006.

Tessier, Hélène. *La psychanalyse américaine*. Coleção "Que sais-je?". Paris: Presses Universitaires de France, 2005.

Török, Mária. "Maladie du deuil et fantasme du cadavre exquis". In: Nicolas Abraham & Mária Török. *L'écorce et le noyau*. Paris: Aubier-Flammarion, 1978 [1968].

Zaltzman, Nathalie. *De la guérison psychanalytique*. Paris: Presses Universitaires de France, 1998.

GRÁFICA PAYM
Tel. [11] 4392-3344
paym@graficapaym.com.br